EN EL AIRE, EN EL VIENTO, EN LA NADA

Edición Asequible

Jorge Luis Diaz Granados Lugo.

JORGE LUIS LUIS DIAZ GRANADOS LUGO

Copyright © Jorge Luis Diaz Granados Lugo

Segunda edición: 2018

Todos Los Derechos Reservados
El contenido de esta obra está protegido por la Ley.
Queda prohibido la reproducción ilegal, distribución o plagios de este libro en su totalidad.

Contacto: Jldiazgranados3@gmail.com

CONTENIDO

6 - En Los Ojos De Un Poeta Frustrado

76 - Crystal Of Dreams / Sueños De Cristal

Poemas

18 - Púrpura
19 - No me olvides
20 - Libre
21 - Funesto
23 - Estridente
24 - A orillas del mar
25 - Paranoia
26 - Tras las sombras del amor
27 - Pulsante
29 - Ahogados en el olvido
30 - Ignórame
31 - Circunstancial
33 - Inhibición mutua
34 - Desdicha
36 - A medio camino
38 - En el aire, en el viento, en la nada
40 - Equivocados
41 - Uno más, uno menos
42 - Hasta morir
44 - Sagrado y eterno
46 - Apariencias
48 - Aeoris
49 - En el paso del tiempo
50 - Caprichos
52 - Incompleto
53 - Huida furtiva

56 - Cierra los ojos
59 - Hitos de la mente
61 - Insaciable locura
62 - Torre de cristal
63 - El hombre ideal
66 - Uno de los dos
68 - Insomnio
70 - Despiadada armonía
72 - Que soy para ti
74 - Sobre los silenciosos vientos de una inmensa irrealidad

*Eres como una droga que me
envenena y mata.*

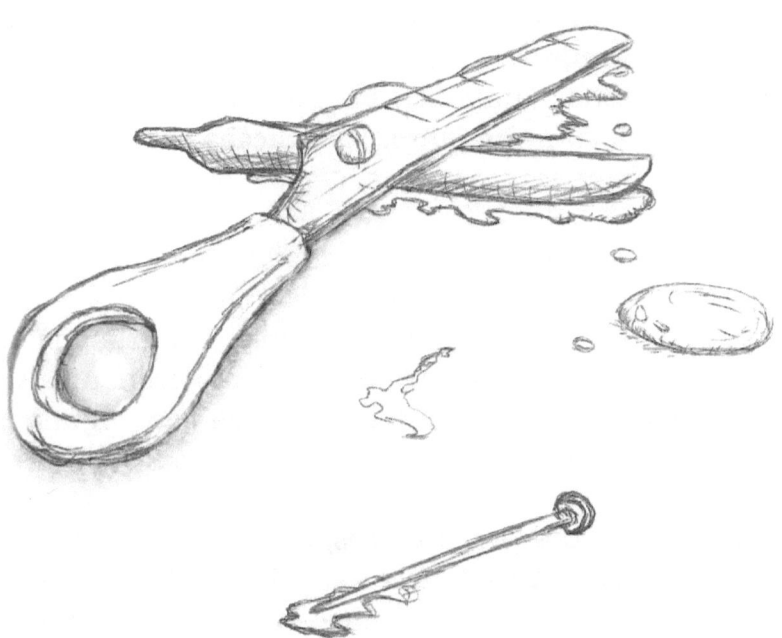

EN LOS OJOS DE UN POETA FRUSTRADO

Yo - nací el 7 de junio del año de 1990. En la ciudad de Santa Marta - Colombia.

Eran casi ya las dos de la tarde cuando en una sala de parto en la clínica la Milagrosa, allá entre dolores, sollozos y esfuerzos una humilde mujer (*trabajadora*); desesperada daba a luz a un varón quien tuvo ciertas complicaciones al nacer. Dicho niño, nació bajo la estela del signo géminis. Que se dice que este signo zodiacal es el más difícil de entender, impredecible y misterioso. Tanto es así; que quizás previo a su nacimiento. Ya indicaba aquella criatura mejor no nacer.

Recibió el nombre de Jorge Luis Diazgranados Lugo. Y paso a ser el tercer hermano de un total de cuatro varones de una relación ilógica que terminó por separación años después. Aquellos cuatros hermanos mientras el tiempo transcurría, tuvieron una sana infancia como cualquier criatura inocente; que hace alguna que otra travesura para que sus padres pierdan la cabeza.

La señora Emelina Esther Lugo Barros; es quien es la madre de aquellos cuatro varones. Y pertenece a esa clase trabajadora quien lucha por sus ideales y por dar un mejor futuro a sus hijos. Es ella quien asume la responsabilidad y custodia de criarlos, de darles un hogar, darles afecto, darles bienestar, mientras trabaja esforzadamente en la antigua empresa de Telecom, hasta salir jubilada (*pensionada*). Para ese entonces; el margen familiar se dividía por una madre quien velaba por sus hijos y por un padre quien nunca respondió o quiso reconocerlos como suyos incluso rechazarlos. Pese a todo lo acontecido debido a la separación de sus padres, los chicos crecieron sanamente y comenzaban a formarse, a saber del mundo, hacer amigos, estudiar.

Hasta que sin más, como si el tiempo nunca fuera existido; ya eran todos unos hombres. El hermano mayor ya se encontraba en la Universidad, los otros chicos cursando su bachillerato. Y paralelamente en este lapso de tiempo, aquel chico géminis, Jorge Luis; entra a cursar su bachillerato en el glorioso Liceo Celedón. Quizás por cosas del destino o simplemente casualidad.

Allí, tímidamente comenzó a darse a conocer como el chico raro de clases, como el alumno que siempre se sentaba en la parte de atrás y no hablaba con nadie. Como ese que se dice que siempre está perdido en su mundo, como el extraño que anda por allí hablando solo, como aquel que estaba loco, como el hazmerreír. Él... era poco de hablar comúnmente entre sus compañeros, tenía pocos amigos e inclusive prefería hablar con algunos de los profesores. Sin embargo, fue por algo más que se dio a conocer.

Aquel chico raro, escribía... poemas. Se perdía en su mundo, volaba por lo alto y por lo más lejos en sus imaginaciones. Se adentraba en lo abstracto, en lo hueco, en lo absurdo de sus pensamientos. Quizás de esas voces que aún no puede callar pero que ha aprendido a vivir con ellas en un triste sentimiento, en una agonía, en una angustia... que pareciese que no acabara, pero que le inspira a pesar de la soledad, el dolor y el vacío que siente.

Ese era aquel chico, quien encontró en las palabras un refugio donde hay amigos por montones, donde no teme a ser rechazado una vez más por pensar diferente, donde nunca estará solo y será burlado simplemente por creerse un escritor, donde podrá visitar ciudades enteras y hablar con cada uno de sus ciudadanos, donde recibirá el tan anhelado y entrañable cariño ausente de sus queridos padres, donde si podrá rescatar alguna hermosa doncella, de algún cuento de hadas.

Así - Jorge Luis se dio a conocer como aquel chico raro que escribía poesías, su fama por decirlo de alguna manera comenzó a crecer en la institución hasta cierto punto que ya no le llamaban por su nombre, si no - como el poeta. En cada acto que se realizaba en la institución, tales como el día del maestro, el día del idioma entre otros. Jorge Luis recitaba un poema quienes sus profesores le alentaban y le pedían el favor que lo hiciera. Rara vez se negaba, más allá de poder ser un extraño para todos. Quienes a su vez a pesar del esfuerzo, al fin y al cabo terminan burlándose de él.

A pesar del paso del tiempo en la escuela, su comportamiento seguía siendo el mismo, tímido y aislado. Esto le trajo muchos inconvenientes que por toda la institución se decía que estaba loco, que tenía algún problema o que era retrasado. Y sin saberlo aquellos que le admiraban - comenzaban a burlarse de él y lo rechazaban.

Ya para cuando cursaba noveno grado de bachillerato, conoció por un cierto inconveniente en el que tomo la decisión de cambiarse de salón. A su primer amor.

Era una chica inteligente, hermosa, delgada, de labios un poquito gruesos pero que adornaban su rostro el cual parecía angelical. Su mirada era un tanto fuerte pero que jugaban con su vivacidad y belleza; que sus mejillas se sonrojaban cada vez que sonreía como si fuese algo hermosamente divino. Era amor a primera vista... y quizás pasaba por su mente que alguna doncella de un cuento de hadas; se había escapado y tomado forma en la realidad.

Pasó tiempo - a que se decidiera a revelar sus verdaderos sentimientos. Los días transcurrían - y su mirada algunas veces parecían estar mirando fijamente aquella dama que le ha cautivado. Y otras veces... parecían perderse en la lejanía; en el espacio, en la nada, como si estuviese viendo un hermoso cuadro de pintura - De Leonardo Da Vinci. Fue en una tarde cualquiera que rompió su silencio. Y se declaró. Tanto amor e inocencia desprendían aquellos enamorados, amor de escuela, que se hicieron novios. Fue correspondido. Y sin darse cuenta esto hizo cambiar un poco su comportamiento. Ya no era tan tímido y comenzó a relacionarse tenuemente con algunos compañeros de su salón.

Los días y noches pasaron hacer casi eternos e importantes para estos enamorados, que algunas veces salían a caminar juntos tomados de la mano. En ocasiones iban al mar. Y allí... estar juntos, felices. Quizás sin que nadie los juzgara o señalara, solos los dos estaban allí, inmerso en una unicidad, en algo tan hermoso, tan puro, como si todo lo demás - no existiera.

Ellos dialogaban de todo, inclusive ya se prometían algunas cosas y pensaban en el futuro como algo - ya casi hecho.

Y sin darse cuenta - como si fuese la voluntad y mandato; de algún ente (*Dios*) divino.
Del destino.

Se separaron.
Quizás por orgullo,
Quizás por caprichos,
Quizás por temor,
O Quizás... porque así tenía que ser.

Profundamente; Jorge Luis no quería que así sucediera. Pese a todo aun la amaba, la extrañaba. Pero fue más grande el destino que su amor - que nunca volvieron hablarse. Hasta que llego el día de su graduación, de dejar el bachillerato, de terminar el grado once. Fue ese día - que la pudo ver por ultimas ves, en medio de festejos, sonrisas, de muchos alumnos que terminaban la secundaria. Allí la vio, sin que ella lo reconociera, como un desconocido, solo caminando en frente de él sin quizás recordarle, allí - quedo todo.

Lluvia de rosas fue el último poema que Jorge Luis recito en aquel querido y majestuoso Liceo, en su pecho ya embargaba muchos sentimientos encontrados, recuerdos o quizás angustias por la partida de dejar la institución, pero él sabía... que muy adentro; no olvidaría aquella hermosa mujer.

- Segunda parte -

Fue así - que siguió su vida después de terminar la secundaria. Por momentos; a veces decaía en sus memorias como si quisiera tal vez volver a vivirlas, aunque desee olvidarlas. En ciertas ocasiones se confundía más de la cuenta, al ver que todo seguía por mucho que no parezca, por más que él lo sufriera, por mucho que no lo quiera.

Años más tarde se inscribe en el servicio Nacional de aprendizaje (*Sena*) para seguir su formación académica. Y aunque suene paradójico. Y aunque sabiendo que en la vida nada se detiene. Su corazón seguía perteneciéndole a aquella mujer, aun la amaba, aún vivía en sus pensamientos. Sabiendo que quizás ella ya se había olvidado de él, sabiendo que quizás ella este con alguien más. Pero aun así... la extrañaba. A pesar de todo, a pesar del tiempo. Aun así se preguntaba por ella; *que* - que estaría haciendo o que sería de su vida.

Y por un largo período tras ir cursando su formación como tecnólogo. siguió pensando en ella quizás resignándose a olvidarla. Quizás aferrándose a lo único que le queda - los recuerdos.

Aquel chico raro - poco a poco iba madurando. Aunque muchas veces se debatía y se planteaba que sería mucho mejor no cambiar algunas cosas del todo. Se decía así mismo que no quiere terminar como a la mayoría - que no luchan por sus sueños y que ahora solo hacen las cosas por dinero o como dicen todos... porque tocó. Preferiría que le llamasen un iluso o niño, a que ser como todas aquellas personas que se dicen ser maduras, preparadas - pero que no tienen idea de lo que es importante para sus vidas. Y que piensan que pueden cambiar al mundo o que son las mejores personas.

Jorge Luis lo tenía muy claro, su vida, su felicidad, su profesión... eran las palabras. Pero que le sería más que una Odisea; ya que en un mundo tan cambiante un simple escritor sería como una envoltura más arrojada a la basura. Sabia a la perfección que en un país como el de Colombia. Ser un artista; es sinónimo de fracasado. Un don nadie que escribe unas cuantas frases con sentido. Por ello; quizás prefirió encerrarse en sí mismo, quizás inclusive mucho antes cuando estaba en el Liceo. Y no dejar que terceras personas le criticasen por ser un escritor. Se escudero de tal forma en su burbuja - que así termino sus estudios en el SENA, dando se a conocer como un excelente aprendiz que a su vez escribe poesías, incluso sin el apoyo de sus familiares.

Tras su paso por la institución del servicio Nacional de aprendizaje (*Sena*). El joven Jorge Luis se emprende en la tarea de prestar su servicio militar teniendo sus estudios y sus metas ya realizadas. No obstante, Quizás Dicha decisión... puede que haya sido unos de sus más grandes errores. En el ejército contrae un enfermedad - que si no fuera sido por la negligencia de sus superiores, no fuera empeorado. En dos ocasiones es intervenido quirúrgicamente quedando en un estado mucho peor en el que se encontraba. Y fíjense; como es el mundo de pequeño. Aun cueste creerlo, a pesar de lo que faltaba en el ejército. Aquella chica, esa que alguna vez le acompaño en el bachillerato... le escribe.

Aquella mujer que en un pasado fue su pareja, ya era madre de un niño. Quizás por el fruto del amor o de una mala relación, pero quienes somos para juzgar. Se encontraba estudiando en la universidad y le faltaba muy poco para graduarse. Seguía viviendo en el mismo lugar. Y no era muy difícil de asumir que en todo ese tiempo - algunas cosas seguían iguales, otras como mucho - ni tanto.

Entre los dos, nació más que una necesidad el poder hablar y saber del uno y el otro. Se comunicaban por los medios de comunicación de hoy en día que pareciese que formaran parte de la vida cotidiana de las personas. Y un día (*Sin más*) deciden encontrarse, después de todo, después de los años, después de nada.

Planearon encontrarse en la bahía de Santa Marta (*En el mar*), era una cita. Y quizás ambos estarían un poco tímidos, temerosos... o incluso podrían llegar a pensar cómo reaccionarían al estar en frente después de tanto tiempo. Quizás hasta recordarían muchas cosas, cuyo pasado pareciese que nunca hubiese concluido, sino que desde antes y ahora - seguía en curso.

Y - a lo lejos. En una banca donde sentarse, Jorge Luis vislumbra a aquella chica en una agradable mañana donde la brisa del mar atraía los recuerdos. Su corazón se aceleraba, su respiración trataba de mantenerse calmada; con cada paso que ejercía - mientras poco a poco se acercaba. Su mirada permanecía fija; aunque su mente. producía miles de ideas o pensamientos, conjeturas, preguntas, respuestas, frases. Hasta que pareciese que todo nuevamente... dejará de existir.

Allí estaban los dos.
Sin poder decir algo, solo mirándose el uno al otro.
El tiempo dejo de existir en ese instante, como si fuese otro universo, otra vía láctea; donde pareciese que ellos fueran los únicos seres habitantes. Sus miradas eran tan profundas... cristalinas. Que el vacío del espacio es tan insignificante, tan relevante. Que al momento de reaccionar los dos estaban estrechados en un tímido abrazo - (Tan sincero, tan puro).

Ese mismo día - tuvieron su primera relación. Y más allá de lo que significa el sexo o hacer el amor. Lo realmente importante; era la ocasión.

La lucha carnal entre dos bestias, quizás probando uno de los tantos placeres que hay en la vida. Pero fuera de contexto. Esta vez nada les impedía amarse como debieron hacerlo. Esta vez, cruzaron el umbral. Y quizás se unieron más allá del alma y el cuerpo, en una unicidad, en un completo éxtasis... que nada de lo que estuviese sucediendo allí - podría entenderse. La carne se mezclaba la una con la otra, rugidos se desprendían como fieras hambrientas devorando todo lo finito en un acto depravado, perecía que en esa escena despiadada todo lo conocido iba perdiendo sentido, lógica. ¿ Que realmente eran humanos los que estaba allí haciendo el amor, o eran unas bestias (Animales) desgarrando sus cuerpos a placer y excitación ? - Quizás no exista alguna respuesta, pero el amor tal vez sea un misterio; el cual es imposible de entender.

Meses después de su reencuentro formalizan y son novios nuevamente. Salen y se divierten, val al cine, van al mar, se distraen. Pensando que quizás así debieron ser en el pasado. Pero... Hay algunas veces; que uno nunca entiende por que pasan las cosas, por qué tiene que ser así. La relación no duro mucho. Y quizás - no porque no se amaban mutuamente. O que tal vez no era el momento, la hora o el lugar. Sino por que simplemente; así suceden.

Los dos decidieron alejarse después de muchas contrariedades. Cada uno solo tomo su camino sin decir tal vez adiós o alguna palabra. Quizás no querían lastimarse entre sí. Pero en el fondo sabían que uno de los dos había fallado, más allá de los claros errores cometidos. No buscarían culpables, pero a veces los hechos hablaban por si solos.

Jorge Luis - en una noche en la cual jamás olvidaría, regresaba de permiso del ejercito decidido a visitar a su amada el cual quería darle una sorpresa. Sin embargo, fue todo lo contrario. Aquella mujer estaba con otro hombre. Y para no decir detalladamente lo que estaban haciendo, lo que hicieron, o terminaron de hacer, Jorge Luis... decidió marcharse sin más.

Tal vez como han sucedido las cosas, quizás ahora piense que probablemente aun seguirá esperando a su doncella. Reflexiona mucho sobre lo ocurrido, pero... su alma, su amor, su vida. Quizás ya no serán lo mismo, está destrozado, impactado. Que ha comenzado a tener cierto temor a las mujeres. Se ha retraído como cuando estaba en el Liceo, se ha aislado. Y ahora... solo se dedica a hacer lo que más le gusta; escribir, soñar, dibujar, componer, etc.

Actualmente ya terminó de prestar su servicio militar en el ejército. Y ahora está en la espera de que el estado colombiano responda por las consecuencias y secuelas adquiridas durante su prestación del servicio. Ya ha pasado un año desde que publico su primer libro. Y aun espera seguir escribiendo muchos más sin importar tal vez que nadie le apoye. Solo piensa, que todo lo que ha querido hacer, es escribir.

Y no es ajeno a la realidad, a lo que sucede allí afuera. ¡NO! - Es todo lo contrario.

En donde un país solo ofrece miserias, sobras e impuestos a su población. Donde cada vez las leyes son tan absurdas que pareciese que éstas no se aplicaran o no se ejercieran. Donde el que tiene dinero puede salir absuelto y salir diciendo en los todos medios de comunicación que todo es una mentira. Donde los ricos seguirán siendo ricos y los pobres seguirán siendo más pobres como unos lacayos de la corrupción interpuesta. Donde la educación, la salud, el trabajo... los empleos, son tan solo el basurero de quienes prometen mucho y hacen poco cuando llegan al poder. Donde la corrupción es el nuevo oficio público del país; que ahora no hay ninguna persona honesta. Y que todos están cortados con la misma tijera. Donde un presidente ha de prescindir de sus ciudadanos. Y les miente descaradamente descartándolos; como si fuesen una manada de animales a quienes se les debe adiestrar.

¿ Es este - el país que forja a un escritor...?

Muchos dirán tal vez, otros dirán que sí. Pero quizás no están en lo correcto o quizás nunca lo sabremos. Este escritor tan solo es; alguien insignificante, un inservible del sistema. Pero que podría ser una amenaza para muchos. O un loco que debería estar en el manicomio - para no creer en sus mentiras. Así como muchos - aún creen en el sistema.

Mi nombre es Jorge Luis. Y soy como un suspiro o una palabra en el viento que va navegando de un lugar a otro. Soy quizás un poeta frustrado, un don nadie que aún cree que el amor está allí intacto; más allá de ser requerido o deseado por tener un buen cuerpo o bienes materiales. Soy aquel que no cuenta en una lista de preseleccionados, soy aquel que no va presumiendo de sus títulos o grados (Triunfos) en un mundo donde la apariencia toma protagonismo. Soy ese que está de más en un mundo donde pareciese que ya nada importara, donde ahora lo valioso; es lo mundano, lo vulgar, lo poco ético. Como si en estos tiempos la ignorancia fuera mutua.

Ese soy yo, aquel chico raro... que escribe cientos de cosas sin sentido y que piensa en un final que pueda terminar esta historia, este escrito. Y cada vez que pienso en ello, no puedo negar a dejar todo concluido en una sola frase. Quizás no sea lo adecuado, pero;

A veces pienso, que...
Qué triste e irónico; ha sido mi vida.

> *(Es esta vida).*
> *(Mejor, no hubiera nacido).*
> *(Que Todo esto; es una mierda).*

¿ Qué es lo que son los humanos ?
¿ Qué es, exactamente la vida ?

JORGE LUIS LUIS DIAZ GRANADOS LUGO

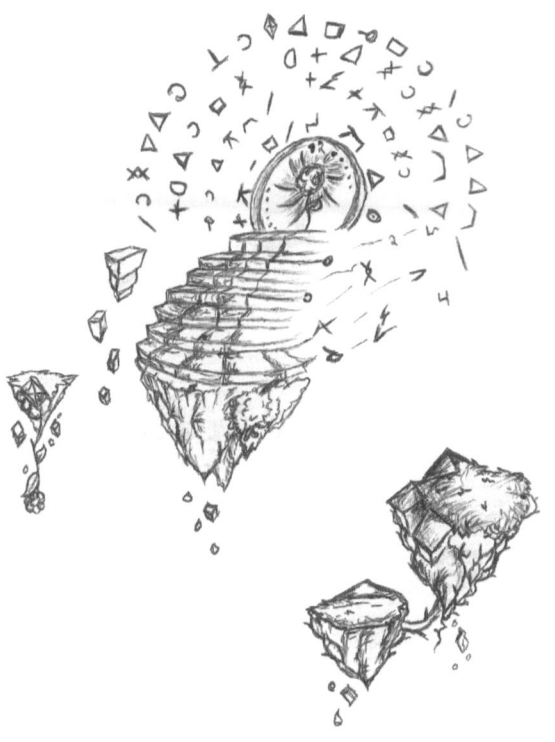

Tanto amor que desbordaban nuestras almas… que ahora; ni una palabra pronunciemos.

POEMAS

Púrpura
03-26-2016

Sobre la nada - danzan los cuerpos.
Obran su lírico acto en un bello interpretar,
Figuran sus poses ante un arte astral (*abstracto*) -
(*ambiguo*) - donde su místico baile deforma
y componen; las siluetas en un gris espeso.

¿ Ilustrada, o equivoca composición ?
Simple y misteriosa; es esta vida,
Sorbida, pasajera, fría... y bella.
¿ Es poema ?
¿ Una pintura - (*sinfonía*) ?
O una abstracción que llega
y aturde los sentidos.

Los hace caer en una inevitable locura,
En una percepción desnuda, ajena, (*confusa*),
Donde ciegamente; creemos hallar una razón.

¿ Que es, esta sobria realidad... ?
¿ Qué es ?

No me olvides
04-01-2016

No soy tan fuerte como muchos creen,
vivo resignado a un pasado que cuesta sobrellevar.
Simulo vivir en un echo de ilusiones,
atormentado por la escasa virtud
que mi pobre vida; puede soportar.

A menudo suelo preocuparme
demasiado por las cosas. Quizás sumido
por alguna extraña razón - evito recordar,
y finjo escapar a lo lejos... finjo vivir,
creyendo (*haber hallado*) hallar en la nada,
amor.

No me olvides, algunas ves pronunciaron
tus labios adormecidos por la desdicha.
Inquebrantables como la verdad;
lo nuestro acabó, como si se tratase de
algo común o algo ya visto, exponiendo
amargas penas sobre la marcha indeleble,
dejando en claro; la fría verdad.

Hoy, ya todo se ha dicho... Y creo
divisar un paraje a través de una ventana.

Creo verte allí, marchar hacia los recuerdos,
a la omisión, a lo desconocido. como aquellas
promesas; que se suelen olvidar.
Nunca dejé quererte; solo...
Aguardo el adiós.

Libre
04-09-2016

¡ Mírame !

¿Cuantos secretos aguardan aquellos húmedos labios?
¿Cuanta arrogancia escondes en
medio de íntimas palabras?
¿Cuanto razonamiento finges al ser muy realista?
¿Cuantas verdades anhelas
en un sinónimo de desilusiones?

Cuantas más de esas mentiras; piensas contarme.
Solo dilo, y así como el viento, hecho andar,
libre, de perjuicios ... ataduras.
Marcho por el camino hacia algún
lugar; sin más nada que decir.
Dejo todo a un lado; ,emorias,
triunfos, metas, recuerdos,
anhelos (*sueños*).

Solo mírame;
aún... suelo creerte.

Funesto
04-15-2016

Los días siguen marchando,
se vuelven eternos y angustiosos.
Pareciesen vacíos; interminables -
como la nada...
Sobrios, como la fría noche,
huecas como la muerte.

Las horas pasan, llevando consigo tu imagen,
tu recuerdo. Arranca las memorias y las
desvanece cual arena en el viento,
cual segundo olvidado. Donde las sombras
aún regocijan tu sonrisa - como algo vil
y funesto.

Ha sido fácil; este recordar, este vivir...
Y no he podido olvidar;
no he podido saber; que es el amor.
Solo viene y va, de paso...
Me hecha a un lado nuevamente,
insinuando; que no valgo la pena,
insinuado que no valgo el tiempo,
insinuando... que no valgo nada.

(Ahora no soy nadie, o quizás nunca lo seré)

Navego a la deriva sin rumbo y sin amor.

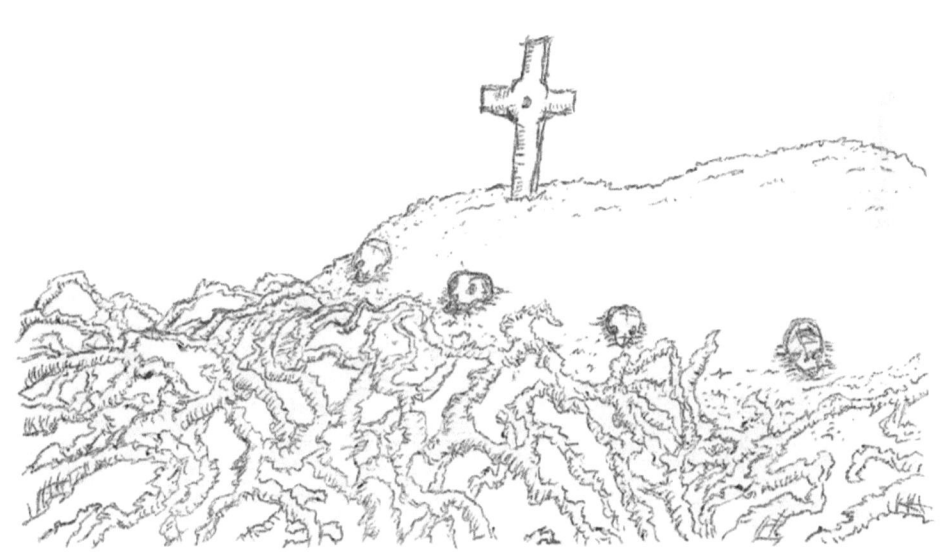

Estridente
04-23-2016

Fugaces recuerdos: ahora vagan en mi mente...
Circulan perdidos como angustias y
pesadumbres, que destrozan el alma.

Van cavando hacia lo profundo, hacia lo necio,
perturbando innecesariamente los pensamientos,
los anhelos, desvelándolos; como tortura.

Alguna vez - ¿ Has sabido sobre mí ?
O solo crees en lo superficial de las cosas...
   En lo que se alcanza a ver, a primeras,
     en lo material, en lo que se dice, en lo que se piensa,
        o en lo que ahora; erróneamente crees.

Dime...
   Si tal vez fui algo más para ti,
     algo más que el deseo; y el placer.
        Algo prohibido, inalcanzable.

A veces el amor no llega ni te busca,
solo... se le ve venir.

Y otras veces;
solo... se le ve marchar.

A orillas del mar
05-07-2016

Están serena la brisa del mar...

Acaricia el alma sin remordimientos o penas ajenas. El chispeo de las olas golpeasen las rocas; adyacentes a la orilla - como tratando de reanimar de un golpe los pasados recuerdos - como tratándose de adentrar, en lo desconocido.

La mente, vaga, vuela. Marcha de este tiempo y espacio,
de un lugar a otro, buscando, recordando.

Pareciese que todo es un caos (*por algunos momentos*) -
(*Que*) en fracciones de segundos – vuelve, como si nada
a la innata verdad.

¿ Por qué te has ido ? - ¿ Por qué has marchado ?
Suelo preguntarme...

Y al ver que degeneras sufrimientos,
solo retrocedo tantas veces como sea posible,
para así determinar, para así afirmar.
Que aun te extraño, que aun te anhelo,
Que aun te amo.

¿ Es aquí, donde el mar todo lo perdona ?
¿ Todo lo escucha ?

Pues parece; que ahora,
solo quiere verme,
naufragar.

Paranoia
05-17-2016

¿ Terquedad ?
¿ Miedo ?
¿ Orgullo ?
   O quizás placer...
   Cual de todas estas
   (*Es*) Será la lógica razón.

   La que llegue y me aparte de tu vida,
   la que llegue y me aleje de aquellos
   sueños mundanos.

   La que oscile las verdades en un
   tiempo perdido. O la que me lleve ahora;
   a una imprecisa locura.

¿ Cual es la razón ?

Si busco respuestas en donde no las hay,
busco alguna lógica nada más,
alguna que otra forma... algún; que otro
vil recuerdo, alguna que otra explicación,
alguna... que otra esperanza.
(*algún que otro ruin significado*)

Espero de cierto modo; leas este mensaje,
y comprendas; que lo fuisteis todo - para mí.

Tras las sombras del amor
01-06-2016

Cuánta razón puede ocultarse...
callar verídicamente; tras un silencio
fúnebre y tímido.

Quizás, de tantas mentiras u/o engaños
uno termina afligiendo y despreciando el amor,
quizás hasta dudemos de él, desconfiemos...
Y así con el paso del tiempo; volvernos frío ,
distantes.

Las apariencias pareciesen que fueran
más determinantes, tras un fondo miedoso
e inocente: que se cubre y protege ante el dolor.

¿ Cuánta verdad puede ocultarse -
    Tras las sombras del amor...?

Pulsante
02-6-2016

Toda mi vida; he tratado de ser correcto, justo. Y parcial ante las circunstancias que día a día - se ante ponen; como una experiencia más, como unas simples anécdotas, triunfos, derrotas, alegrías o tristezas.

He crecido cómodamente - arraigado en un
lecho familiar poco ortodoxo, poco unido,
lguna vez lo fue.

Pocas veces me ha faltado algo, educación, bienestar, y quizás a estas alturas ya cuando no mucho estaré cumpliendo veintiséis años de edad; pienso… y me embarga el hecho - que estuve solo.

- Crecí sin apoyo, sin amor.

Con padres que nunca estuvieron cuando los necesite, con hermanos que nunca se han preocupado por los demás, con personas que fingen tenerte afecto y de lo único que se preocupan es de ellos mismos.

- De allí provengo yo.

No sé; si este sea el resultado, o falta de ello,
no trato de buscar culpables.

Pero aquí estoy, como una sombra,
que nunca reclamo un poco de cariño,
respeto o dignidad.

Aquí estoy; enfrentando a mis demonios,
sintiendo que no ha valido la pena haber nacido,
pensando que hoy en día no te valoran por lo que eres,

creyendo; que ahora para muchos lo más
importante es el dinero.

Lamentando,
que pareciese que nadie te quiere,
te ama.

Hubo una vez que alguien dijo;
que yo no era nadie,
pues, amigo... nadie lo es.

Ahogados en el olvido
04-06-2016

Sobre las ondas que se desprenden en el agua,
van tus recuerdos, (*Nadando*) ahogados en
un suspiro. (*En el olvido*)

Las hojas... se marchitan,
caen de los árboles con cierta ternura
y se estremecen, en su recorrido.

Pareciese - que marcharan a lo lejos, perdidos,
allí - sobre la nada, diciendo adiós;
como navegando a la deriva,
como despidiéndose para no volver,
como tratando de esperar,
a hundirse en el fondo.

Tanto amor desprendían nuestras almas,
que ahora ni una palabra pronunciemos.
Ninguna objeción, ningún reclamo.

Asumiendo
que ya nada importa,
que ya todo acabo...
Por más - que tratemos,
de arreglar las cosas.

Qué triste es saber; que el tiempo avance...
Y los recuerdos – queden.

Ignórame
06-06-2016

Ignorarnos; también es olvidar.
Y quizás ahora por angustia - o por miedo a estar solos,
no hacemos lo necesario para cambiar, para mejorar,
para estar con la persona adecuada;
e intentarlo otra vez.

Que indiferente hemos sido,
que inmaduros...
  No ves; que nos hacemos daño,
   no lo sientes.

  - Dejamos sin aire y sin vida;
     todo aquello a lo que ferozmente
       nos aferramos - por años (*construimos*).

  - Dejamos que simplemente el tiempo
      siga avanzando, por más que busquemos
       y finjamos olvidar lo nuestro.

  - Dejamos huérfano...
     A lo que nos podría mantener juntos ahora,
     a todo nuestro amor.

    Vete, ¿ Dirías tu...?
    O prefieres quedarte en ese tiempo y espacio
    de exilio y de estancia vaciá, de soledad,
    donde la luz no bordea, no te cobija.

    ¿ Prefieres olvidar...?
    solo, ignórame.

Circunstancial
07-06-2016

Yo - he sobrevivido.
Guiado por un halo de luz adverso; y poco visible,
ante las sombras, que acechan y merodean
en el alrededor.

Entre penumbras, mendingué... sobre las pedradas y punzantes grietas que atravesé durante años. Y pude comprender ante la inmensa ausencia, que faltaba mucho por recorrer, mucho que andar. Aunque vislumbraba con un poco de desdén y miedo, que el (*desenlace*) final; sería lo inesperado.

Encontré, por aquel basto camino,
por aquella inexplorada trayectoria.
Varios lugares y personas anodinas;
circunstanciales... por doquier.
Que algunas de ellas, solo doblegaban tu esfuerzo,
a su ignorancia, a sus limitaciones (*a su pesimismo*).
Tratando de impedir; y desmoronar, tus ideales,
muchas de ellas llevadas por la envidia, el odio...
O el resentimiento.

Mucho menos; tuve que errar y comprender,
Que no basta, estar rodeado,
   ¿ De quienes...?
   ¿ De muchos...?
   ¿ De nadie...?

- Si aún en tu vida, se halla el silencio,
  Como una enfermedad.

    Si aún a tu vida, suele hallársele el desprecio
    Y la indiferencia.

Si aún a tu vida... suele faltarle, humildad.

Yo - ya hallé el significado de mi vida,
   Quizás para muchos no valga nada,
   Quizás no sea el nuevo Nobel de literatura
   en Colombia, quizás no sea el nuevo Pablo Neruda.

   Pero soy feliz... aunque no sea nadie,
   aunque no tenga méritos, aunque no tenga fama.
   Escribir y soñar; es lo que me mantiene vivo,
   es lo que me inspira.

   ... en estos tiempos;
   en el cual a todos les parece,
   importarles nada.

Inhibición mutua
14-06-2016

Alguna vez he dicho...
Que - ¿ Te he visto en mis sueños ?

Eres algo así; como una silueta (*cosa*) deforme,
abstracta e ilógica... que por momentos,
otorga significados, calma, serenidad.

Eres ese remordimiento latente,
que me hostiga, que me asecha,
que me asfixia hasta la muerte,
hasta perder la cordura.
Y que a su vez, eres aquello - (*eres todo*)
que me da la vida.

Sé que algunas ves lo habrás oído, o quizás no...
  Quizás con el tiempo lo recuerdes, o lo olvides,
  como algo pasajero, como algo fugaz, efímero.

Así; como simplemente,
fue nuestro amor.

Desdicha
14-07-2016

Sé que en alguna parte; ella estará.
En medio de tantas personas, allí, inerte...
en algún lugar.

Estará recorriendo el tiempo, la vida, la distancia,
   en espera, en desdicha;
   solo; (*aferrada a*) fingiendo vivir.

¿ Algún día podré conocerla...?

Quizás ella; sea un poco ruda y delicada,
tal vez despreocupada; fría e indecisa
por su nerviosismo, quizás sea callada y
habladora - y en algunas ocasiones
dispuesta a entenderme.

Quizás sea alegre y triste en los momentos
más tensos, Quizás tímida o atrevida;
en los más íntimos.

Pero dime,
¿ En dónde has estado; todo este tiempo ?
¿ En dónde...?

Si veo venirte y marchar; con la misma
rapidez que se olvida
   una promesa.

Solo veo irte - dejando una eterna ausencia,
tras tu paso,
   Una concurrente sobriedad (*soledad*)

Que aún en la espera -
y en este basto sufrimiento,
la muerte; es cosa del pasado.

A medio camino
19-07-2016

Llueve.

Llueve en esta; semana de agosto,
llueve por tu ausencia.

Llueve... simplemente.

Cálidas gotas, caen y humedecen
el desaire impertinente,
golpean la nada; resonando el vacío,
que crece y no calla.

(*Ellas*) arriban en el alrededor.
Abriéndose camino; tras un paso oscuro,
agrietado, marchito,
donde al llegar allí; una por una ,
se desvanecen... (*en la nada*) -
con el tiempo.

Quizás sea osado en decir esto - ! O iluso ¡
　quizás solo se han ido a descansar,
　　a soñar, a divagar.

　En busca de algo que han perdido,
　　de algo importante, de algo valioso,
　　　de algo que han extraviado a medio
　　　camino.

　　　Y que ahora en medio de todo...
　　　Del caos, la confusión

　　　　Suele preguntarse.

¿ Por qué todo acabo ?
¿ Por qué lo nuestro llego a su fin ?
¿ Por qué...?

En el aire, en el viento, en la nada
30-07-2017

Maldito el tiempo;
  en el cual no encuentro el amor.

Se me escapa de las manos
  como algo escurridizo,
    o algo imposible de retener.

Solo llega de imprevisto,
aturdiéndolo todo a su paso...
Y así como si nada; sin más remedio,
da media vuelta y se va.

Sé que en el fondo; te echo de menos,
no lo puedo ocultar,
el brillo de mis ojos me delata
como a un vil ladrón.
Como un intermitente faro;
que vislumbra en las noches apagadas.

A veces el aire;
trae consigo algún que otro
recuerdo mundano, algún que otro aroma...
Alguna que otra lagrima... El cual puedo
imaginar cómo sería si volvieras.

Pero es tan elocuente e ilógico, hueco, absurdo...
que así como ahora puedo tenerte;
con solo suspirar(*imaginar*).

Pronto te evaporas; en el aire, en el viento,
en la nada - en un abrir y cerrar de ojos.

EN EL AIRE, EN EL VIENTO, EN LA NADA (2ª EDICIÓN)

Éramos tanta fantasía e inocencia;
que la realidad nos hizo añicos.

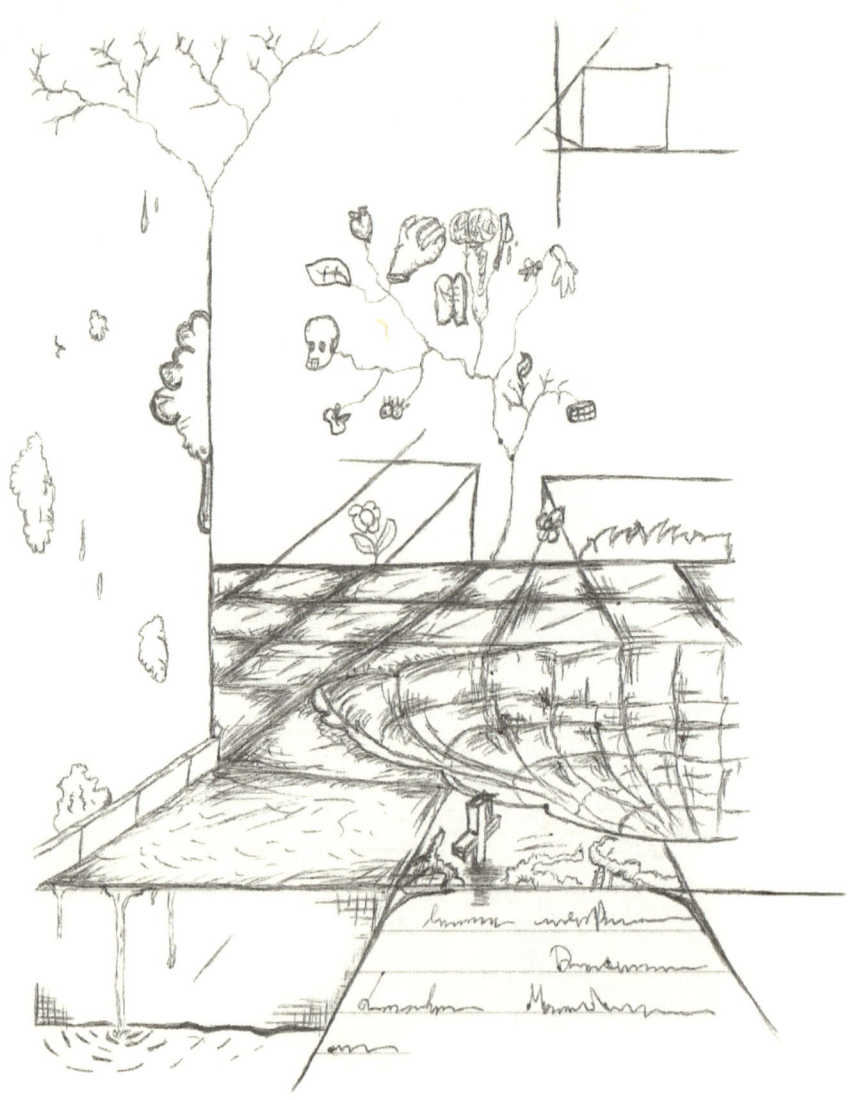

Equivocados
15-08-2016 ~ 16-08-2016

Cuanto desearía; que estuvieses a mi lado...
Pero los días transcurren como si realmente
ya no importara nada.

Las horas - llegan sin previo aviso,
insinuando; que no podemos seguir así.
Anunciando que ahora no podemos estar juntos;
por más que lo intentemos ante el dolor
y la melancolía.

Quizás solo queden los recuerdos, al fin y al cabo...
Quizás en otra vida volvamos a reencontrarnos,
quizás ahora estemos confundidos, perdidos
el uno al otro - como unos desconocidos.

Quizás sin darnos cuenta
nos hallemos muertos en vida.
O quizás simplemente; estemos
equivocados.

En estas últimas estancias,
podríamos decirnos alguna que otra palabra,
alguna objeción, algún reclamo...
algún desprecio. Sin embargo; solo nos alejamos,
como sombras en la nada.

Uno más, uno menos
24-08-2016

Estimada señora mía:

Le hago entrega de lo que ahora,
podrían ser mis últimas palabras.

Quizás de un modo o de otro,
bien sabe usted cual serán mis objeciones.
No quiero ser contradictorio; dadas las veces que
hemos hablado de muchos aspectos,
inclusive de algunas ideas.

Sin embargo; hay algo que es más grande que mi
propia vida, que mi propia voluntad... y temo
que si no procuro abstenerme - empeorará,
me consumirá tarde o temprano.

No quiero que se piense;
   que solo es una excusa...
   dado a lo mal que suena todo.

   Pero no podemos seguir así,
   ahora debemos postergar muchas cosas,
   y solo saciar; que cada uno
   elija su camino.

Por el bien de los dos; es mejor alejarnos,
y si usted ha recibido este mensaje,
lo más probable - es que yo haya
fallecido.

Atentamente: Uno más, uno menos.

Hasta morir
27-08-2016

Hoy ha sido...
Una mañana inusualmente fría,
silenciosa, calmada.

  Que pareciese que esta vida recorriese
  la nada; por un largo tiempo.

Pareciese; que ya todo carece de vida,
de sentido, como si se tratara de una oscura
pesadilla llena de misterios... dolor y soledad.

  Como si se tratasen de sombras;
  que te acechan y ciegan tu mirada.
  Pese a la melancolía e incertidumbre
  que se puede sentir.

¿ Es este, tu regazo de muerte ?

  O quizás sea una errónea incógnita,
  ante tantos interrogantes.

  Quizás sea una manera de decir adiós,
  o una lógica respuesta; que ahora impide
  ver con claridad nuestra separación.

Las horas y días; ahora siguen transcurriendo,
y aún en desvelo, pienso en muchas cosas.

  En tu aroma, en tu mirada,
   En tu sonrisa...

Que se siente retumbar y quebrantar

todo mi ser como si nada.
 Que pareciese que se puede
   escuchar a lo lejos en el aire, en el viento.

   Donde ahora la ausencia me doblega,
     me consume, hasta morir.

     Hoy ha sido; una de esas mañanas...
    en el cual, recuerdo (*tu*) el amor.

Sagrado y eterno
04-09-2016

Bajo la estela fría y espesa
del firmamento;

Solía hallarse una respuesta que
por algún motivo, alguna razón,
ya no está.

Quizás, por diversas causas
ante mis ojos; se hace inútil reconocer,
observar o distinguir.

Como tratándose de algo que no se puede ver,
    Pero que arranca de tu pecho el aire,
    y vuelca la esperanza, en un frio dolor.

Con el pasar de los días y el tiempo,
    se hace muy difícil de identificar.
    Y la confusión solo llega de imprevisto
    aportando ahora desconcierto en un mar
    de desilusiones, preguntas... sin respuestas.

Llegan (*sin más remedio*) como la
hambruna y la muerte...
desbastándolo todo.

Y como un valioso secreto guardado; en
el alma más pura. O confinado en las
Profundidades del mar.

Allí se encuentra,
algo tan bello y tan mágico,
que la vida misma ante su

propio significado;
carece de sentido.

Allí esta;
derrumbando muros,
desdoblando el tiempo - y espacio;
en pequeñas fracciones, coaccionadas del
Infinito.

Ahí está.
Uniendo dos almas,
dos seres diferentes, dos
bestias complementadas
en lo sagrado y eterno...
A lo que hemos llamado hoy,
el amor.

Apariencias
13-09-2016

De pronto... desperté;

Algo un poco triste y preocupado,
mi respiración es entre cortada, agitada,
dada a la impresión - de lo soñado.

En estos días.
He estado reflexionando sobre muchas cosas,
hasta el punto de llegar a entender, o incluso negar.
Que hoy - las personas no te valoran; por lo que eres,
no te respetan.

   Y no porque te has dado a conocer
   como alguien fiel, respetuoso o
   trabajador.

   No...

Hoy vale más un currículum y una
hoja de vida bien detallada. Que ser
una persona arraigada a sus principios
y sus buenos valores.

Hoy en día pareciese; que ya nada importa, que ahora lo valioso es lo mundano, lo vulgar, lo poco ético. Como si en estos tiempos la ignorancia fuera mutua que nadie hace nada y otros hacen poco.

Pareciese que la apariencia tomara protagonismo; como si fuese una trama de una novela mal escrita e interpretada. Donde la indiferencia y el orgullo ya no es el villano de turno, si no la nueva moda que ejercemos o el aire que se respira.

Quizás;
estas cosas sean como aquellas que no se dicen,
(*O incluso como aquellas que se olvidan, piensan*)
Pero que en el fondo reflejan...
Nuestra realidad.

Aeoris
01-10-2016

Ahora; ¿Deberíamos terminar...?
O solo merodeamos la nada entre
multitudes como una sombra.

Deberíamos alejarnos por un largo tiempo,
y quizás huir al fin y al cabo; lejos de todo...
de los caprichos, de las mentiras.

   ¡Pero aquí estamos!
   Indiferentes como unos desconocidos,
   inertes como dos seres; deformes
   e imperfectos.

   Que decidieron en algún momento
   de sus vidas,
   separarse.

Sé que alguna vez;
podremos recordar que hubo entre
nosotros.

Sé que alguna vez;
sabremos con certeza lo que algún día
fuimos.

   Sé que alguna vez; preguntaremos si acaso
   cual eran nuestros nombres.

   Sé que alguna vez...
   nos amamos.

En el paso del tiempo
09-10-2016

En ocasiones... el pasado
   a y viene; como si nada.

Algunas veces - retorna,

¡Se marcha! - como viejas anécdotas
perdidas en el tiempo,
   vuelve como bellos anhelos ante el dolor,
     ante la distancia, ante la soledad.
       Y otras veces; solo aguarda en la espera,
          en la mente.

Pareciese; que ahora las memorias
siempre han estado aquí desgarrando
en el alma - aturdiendo los sentidos.

   Como si tal vez; pudieran cambiar las cosas,
   o hacer la diferencia.

   Como si tal vez;
   pudieran hacerte regresar.

   De la nada...
   Del abismo... (*olvido*)

   Que poco a poco, comienza a consumir
   lo único que queda...

   En el paso del tiempo.

Caprichos
24-10-2016 ~ 28-10-2016

Sin previo aviso,
  ahora dudo de tu amor.

Ese caprichoso querer, hostiga y envenena,
corrompe el alma, los anhelos - y los disuelve
en sobrias mentiras; nada más.

¿ Hasta cuándo dejaras de fingir, engañar ?

No basta con disimular, que me quieres, que me amasm
No basta en querer convencerme que tus caricias y abrazos, no son
más que una ilusión, una farsa.

    O realmente aún quieres seguir;
    en ese juego inmaduro, ese perjuicio
    de adolescentes.   Donde pareciese…
    Que nunca fuimos nada.

    Que tan sinceros; hemos querido ser,
    que ahora nos da igual como acabe todo,
    pareciese, que ya nada nos importara.

    Como si estuviéramos esperando,
    a que el tiempo; solo avance.

    Como si negáramos ahora, que nunca
    hubiese ocurrido algo.

    Como si no aceptáramos realmente,
    habernos amado.

    Como si estuviéramos; aun esperando…

olvidar (fingir).

He estado tan solo por mucho tiempo,
que ya no recuerdo; que es ser (*sentirse*)
amado.

Incompleto
08-11-2016

Hoy me siento solitario, incompleto...
vacío, hueco.

Como si el aire que oprime y embarga mi pecho,
desgarrara profundos sentimientos;
guardados ahora como lágrimas.

 Como si el silencio; dejara un nudo en la garganta,
 y se percibiese como algo oscuro,
  Como un ente siniestro, fúnebre.
  (*O como un espectro*) - que llega y
  galopa sin medio alguno...
  A llevarse mi alma.

   Solo quedara de este cuerpo profanado, la carne.
   Y yace como un caparazón vacío e inerte;
   mis Despojos mortales, mis adeptos y
   memorias.

   Sobraran los recuerdos en el tiempo,
   cuando todo sea tarde, y nada se ha hecho,
   sobre la estía muerte... que
   evocan estas palabras.

   ¡ Que hermoso ! - ha sido esta soledad (*ironía*)
   ¡ Que hermoso !

Huida furtiva
09-11-2016 ~ 10-11-2017

Dime; si estás así de
Indiferente.

    Porque; a la persona a la cual preferiste
    en ignorar y dedicarle menos tiempo;
    te ha hecho a un lado.

    No es grato saber que solo te utilicen para cubrir
    las necesidades y caprichos de personas ajenas.

    Aunque usted sabiendo esto ahora,
    aún sigue esperando alguna respuesta,
    por algún motivo.
    Quizás absteniéndose a ver y a negar;
    que ya no es alguien importante.
    quizás creyendo ciegamente,
    que ahora nada puede cambiar.

Desde hace no mucho;
    A tomado la determinación...
    de dejar todo a un lado,
    de irse, de marcharse.

    Bien sabe usted que está en todo su derecho;
    Y que puede hacer lo que mejor le plazca,
    si cree que nadie le valora.
    Pero más allá de una simple huida furtiva,
    veo tristemente a una persona tomar el
    camino más fácil, ydejar que cada quien
    haga lo que mejor le convenga.

Durante todo este tiempo; he estado sumiso ante
las cosas que llegan y que en un futuro llegarían.
No sé - si he sido exigente o una mala compañía,
pero solo veo... a una persona (*mujer*) renunciar
a algo tan bello:

Como el amor,
la felicidad.

Es fácil decir adiós; cuando solo se trata
de olvidar.

Le agradezco por todo, para la próxima Madame;
por lo menos dígame (*finja*).

Que no soy su tipo.

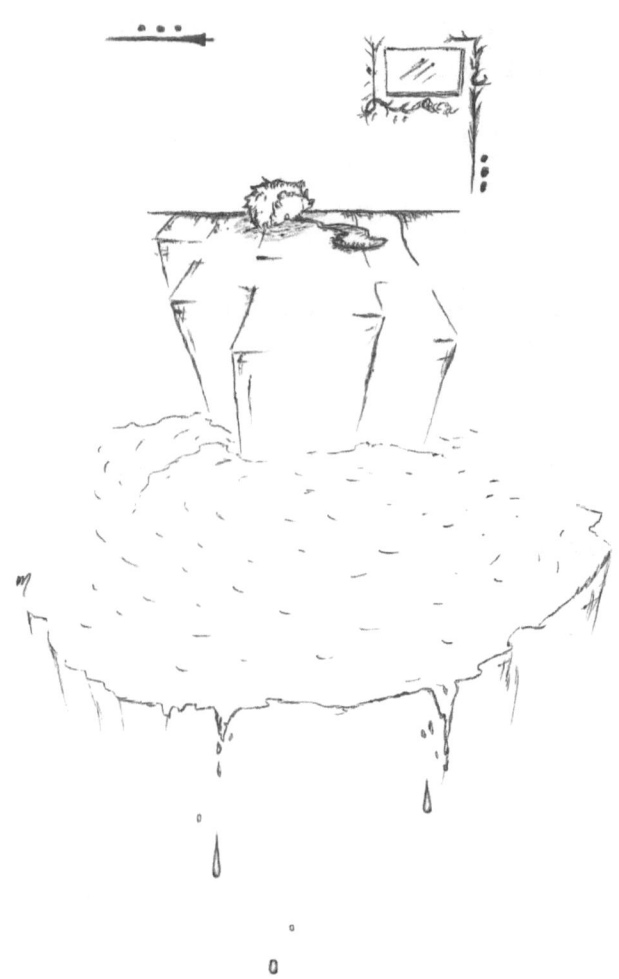

*Yo no sé qué es el amor...
pero es tan adictivo.*

Cierra los ojos
06-12-2016

Cierra los ojos; y escuchame.

¿De qué ha servido ser una buena persona toda la vida?
¿De qué ha servido respetar a tus allegados,
a tus amigos o familiares?

¿De qué sirve ser cordial y caballeroso
hoy en día con las mujeres? - ¿De qué ha
valido la pena ser correcto, fiel o soñador?
¿De qué ha servido escribir estupidas frases;
creyendo que valen su significado?

¿De qué...?

  Si por esto; nadie te valora.

   Mírame... quieres terminar como yo,
    siendo la broma de muchas personas,
    siendo el hazmerreír.

O aquel estúpido chico que de bachillerato;
se cree un escritor.

Sí, aquel chico - de quien se burlaban.

Contesta, y sabrás que es preferible;
ser un ignorado, un mal chiste.
Que creer - que en su alrededor habitan
personas que le respetan, o quieren...
pero no es así.

Siempre he estado solo, aislado.
Olvidando quizás que es tener una
simple conversación, extrañando;
que es sentirse ser amado, anhelado...
¡ Olvidando ! - desde entonces, que es el cálido
abrazo de una mujer.

Hoy pareciese que a la sociedad no le
importaran estas cosas, solo vienen y van;
de un lugar a otro. Tanto es así, que a cambiado
el modo de pensar. Y parece como si sus ideales
estuviesen atascados o que ellos mismos
prefieran estar así. En un margen de
indiferencia - donde lo vulgar, lo mundano
y el morbo; es bien recibido.

A quien le importa saber; quien es
aquel que escribe unas cuantas frases
con sentido, a nadie.

Solo se valora el éxito de quienes han
logrado irónicamente; obtener méritos materiales.
Solo se respeta a quienes han a alcanzado
un gran puesto o pedestal, olvidando que
todo aquello por lo que lucharon;
no es mas que una simple ilusión.
Pareciese que en estos días; es mas
importante el DINERO - la apariencia.
Que muchas de las relaciones se forman
a bases de un estado económico relevante.
Muchas de estas; terminan lo antes posible,
en una inmersa separación.

Dejando en segundo plano
o quizás nulo; lo realmente valioso.

El amor.

¿ Has oído hablar del interés ?
¿ Te han contado que dicha relación a terminado ?
¿ Has escuchado que fue por conveniencia ?

Pues...
Bienvenido a la realidad.

" Y has de cuenta, que nunca me has Escuchado"

Hitos de la mente
26-12-2016

Ya casi ni recuerdo tu nombre, o tu frágil voz...
El tiempo sigue transcurriendo a simple vista;
en medio de la nada.

Un fugaz recuerdo;
es lo que ahora queda en mi mente.
Agita los hilos de las memorias, las sacude,
las confunde. ¡ Señalando ! - que aquellas cosas,
que no marcharon como las esperaba,
Como las (que) planeamos;
jamás volverán.

Por mucho;
Que hubiese deseado que fuera
de cierta forma, o de otra.
Nunca lo es,

    Solo suceden.

        Y todo sigue su curso; como es debido,
        todo sigue avanzando aparentemente,
        todo sigue en marcha...

        Como en una melodía,
        como en una obra, *(penosa y triste)*
        donde el acto; debe de continuar.

        Quizás ahora; no recuerde tu nombre.
      Quizás ahora finja - que lo he olvidado.
    Quizás nunca, nos hemos conocido.
O quizás... *(simplemente)*.

Yo solo este divagando.

Insaciable locura
01-14-2017

¡ Soledad ! - es lo que ahora me
Acompaña desde entonces.

   Me guia, me cubre, me mata...
como el filo helado de un puñal,
como un hacha que separa la carne; en el acto,
como una tierna y escalofriante dulzura...
Allí viene - aturdiéndolo todo.

Allí viene en medio de la nada,
(*Allí viene*) en medio del vacío.
Solo sacudiendo cada rincón de mi cuerpo,
cada respiración, cada parpadeo.

Desgarrando mi alma en mil pedazos,
desarmando mis penas una vez más;
en la más completa - e insaciable
locura.

Soledad...

Es lo que ahora me queda,
como vicio, como nada,
como todo.

Torre de cristal
24-01-2017

Mi mundo, mi hogar...
Todo se desmorona,
todo cae en picada,
todo desaparece.

Como si fuera una torre de (*naipes*) cristal;
que empieza a desplomarse.

    Como si fuese un castillo de arena;
     que se desvanece por el viento.

        Como si fuese una particular sonrisa;
         que se pierde a lo lejos...

           Allí queda todo; en medio de la nada.

Quizás al fin y al cabo - así debió ser,
solo las sombras y el vacío
adornan el sufrimiento,
Sslo se percibe el abismo,
el precipicio. (*la angustia*)

Y ni el más mínimo recuerdo,
    y ni el más grato momento
      y ni la más inocente ternura;
       se escapa de la gracia - y obra...
      De (*la*) esta soledad.

Todo esto - podría sonar tan ilógico,
tan triste, que solo resta decir.

Adiós, mi amada.

El hombre ideal
27-01-2017 ~ 28-01-2017

¿ Por qué...?
¿ Por qué...?

   Que me hace falta.

      Ser más sincero,
      ser más sociable,
      ser atractivo.

O tengo que tener; un buen cuerpo...
Tengo que poseer una hermosa sonrisa...
Tengo que hacer que mis ojos sean
profundos como el mar... O tengo
que ser adinerado y tener muchos
bienes materiales.

¡ Dime !

¿ Qué es lo que hace falta ?

   Carisma, Bondad,
   Humildad, Sencillez.

¿ Qué...?
Tal vez honestidad.

O simplemente - no soy aquel,
a quien le has puesto los ojos.
No soy ese hombre perfecto, ideal;
con quien alguna vez soñasteis,
Fantaseastes.

Claro que no.

Es obvio; solo soy uno más.

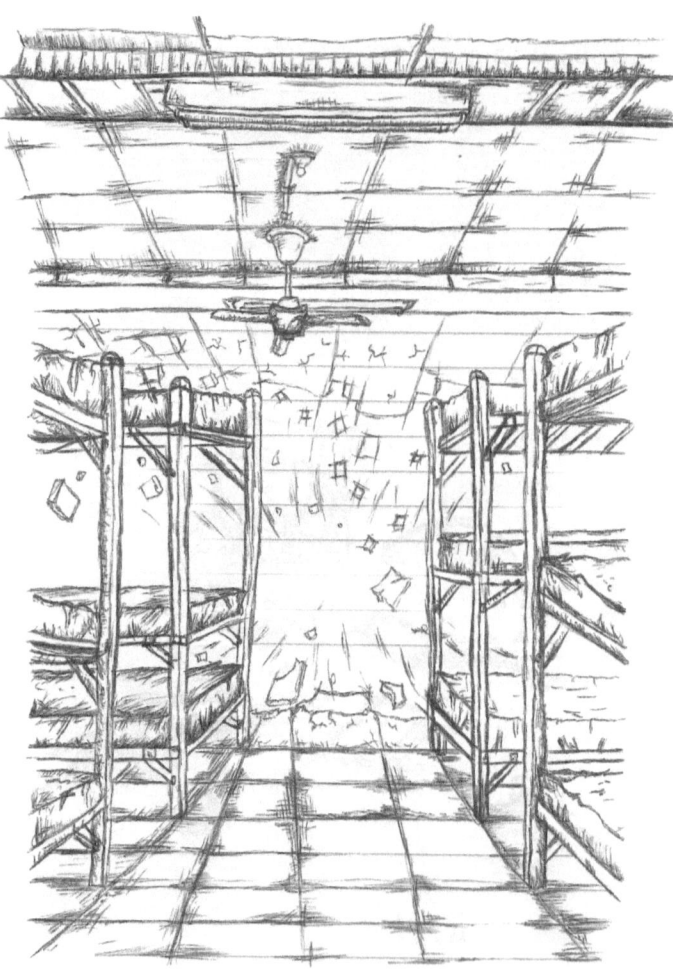

Parece; que la vida está dispuesta hacerte recordar.

Uno de los dos
03-02-2017 ~ 09-02-2017

¡ Dudo ! - de todo.
De tu ausencia...
De mi existir.

¡Dudo! - como cualquier persona
(*mortal*) dudaría por amor.

  Dudo, por la inerte vigilia que
  ahora transciende distancias.
    Dudo, que realmente lleguemos a estar
    unidos; o totalmente separados.

    Dudo, que las noches lleguen
    apaciguar el (*este*) estío
    sufrimiento.

    Dudo, quizás por los miedos (*vida*)
    quizás por temor.

Pero quien no duraría.
  quien no - se preguntaría.

    Si esta en medio de un juego inmaduro,
    o de algunos perjuicios de adolescentes.

    Quien no oscilaría.
    Quien no sospecharía.
    Si ahora tales motivos,
    preguntas, respuestas,
    Decisiones;

      Son tan solo;

       caprichos de tu parte.

Temo decir;
Que quizás he titubeado - al reconocer la verdad,
quizás me he negado; a aceptarla.

¡ Amada !

Solo uno de los dos
se ha enamorado.

Solo uno de los dos.

Insomnio
24-02-2017 ~ 25-02-2017

Algunas veces...
auisiera despertar.

    Pensar quizás; que todo ahora...
    Es una ondulada fracción, del infinito.

      Pensar;

    Que aunque mundanas sean algunas (*cosas*),
    hay muchas que marchan en un solo sentido.
    y otras en muchas direcciones.

Donde la relatividad,
Las variables, las constantes,
Las decisiones, los intervalos,
Los fragmentos, las preguntas,
Las incógnitas.

    Quizás; solo existan en mi mente.

    Podría despertar.
    Y dejar inconcluso este lapso de tiempo,
    o incluso dejar vivir (*Existir*).

¿ Pero qué es despertar ?

Si todo lo que he sabido,
vivido y experimentado...
hace parte de este plano
terrenal.

Todo lo que alguna vez pude conocer,
todo aquello que alguna vez pude palpitar.
simplemente; ya no estará.

Dejará de existir.
Como una ilusión.
Como un espejismo.
Como un sentimiento.
Como un temor.

Como una vida.

Que (*se*) desvanece…
En lo irreal (*En el tiempo*).

Despiadada armonía
14-03-2017 ~ 15-03-2017

¡ Amada ! - En todo este tiempo; he estado esperando alguna respuesta.

No quiero ser un acosador o una mala persona, sin embargo; estoy aquí por lo mismo, para salir de toda duda, de toda inquietud. Y digo esto; porque no se entiende - ¿ Qué es lo que existe entre los dos ?

Desde hace mucho - observo que ya no respondes a mis afectos, a mi presencia. Siento que te aíslas, que te encierras en ti misma, que das muchos rodeos. Y este capcioso silencio que resuena en el aire, da por hecho que ahora todo es una angustiosa confusión, una tortura.

Que me hiere - (en el alma).

Porque si requiero de alguna muestra de cariño o de alguna explicación. La mayoría de las veces solo te limitas a guardar silencio, a contarme poco. O en algunas ocasione; no contarme nada.

No quiero parecer un miserable, un prepotente; mal agradecido... O Alguien que se cree superior - porque no es así. Lastimosamente todos nos equivocamos. Y comprendo ahora; que no he sido el único en su vida.

Es posible que ninguno de los dos haya sido claro para evitar malos entendidos. Solo nos hemos replanteado algunas cosas; más allá de proveer las circunstancias actuales. Pero quizás en el fondo... Muy Adentro - los hechos nos hagan saber; que es mejor acabar la relación.

Razones tendríamos muchas, independientemente de empezar ahora desde cero. Y sería en otra semántica, en otro tono, en otro modo.

Pero...

¿ Porque aún no tomamos la última
palabra al respecto de todo esto ?

¿ Porque aún continuamos juntos ?

Si solo nos destruimos y amamos el uno al otro,
como una unicidad entre el bien y el mal.

Solo nos ridiculizamos en una despiadada armonía.
Que cada vez más nos recuerda - que el amor es (como)
un veneno mortífero. Donde el caos y el orden establecido,
Es un misterio indescifrable; adicto e irracional.

¿ Es este - nuestro ilógico amor...?

   Una indefinida locura.
   Un estío rencor.

   O una indecisión (*tras dicha*),
   que ahora nos ata; para seguir
   amándonos.

   Entre el odio y el dolor.

Que soy para ti
02-04-2017

Si tal vez la ironía fuera una
irrealidad.

No tendría en mis imaginaciones; una
razón o algún motivo - equivocado.

Son esas alucinaciones - las que me mantienen
adverso a lo ajeno, a la vida. Que fuera de contexto
y toda presunción, tu amor ahora…
(*Ya*) es algo relevante.

Es quizás como aquello que queda atrás con el paso
de los días. Como aquello que tarde y temprano se
olvidará. Y como fuere migajas de arena sobre el
tenue viento; hacia lejanías.

Todo quedara mermado…
Como si algo nunca hubiera sucedido.

Quizás estas voces; me lleven al rotundo fracaso,
a la locura… ¿ Pero que sería sin ellas ?
¿ Alguien común ? - ¿ Alguien normal ?
¿ Un don nadie ? - O como tú; una mujer
a quien he amado y que se dice ser alguien.

Pero que solo ha alimentado esta
idónea frustración, esta dolorosa angustia.
De no saber quizás… de no conocer a
ciencia cierta;

Que soy para ti.
(*Que es lo que soy; para ti*).

Sobre los silenciosos vientos de una inmensa irrealidad
10/02/2017

Sobre los silenciosos vientos de una inmensa irrealidad, vierto mis torpes palabras en una errónea filosofía. Es está la que viene y llega aturdiéndolo todo; que mis pobres sentidos e indecisa percepción - carecen de lógica, de funcionalidad. Es como si ahora; todo se haya vuelto ajeno – mundano, que entre palabras y sentidos mi inspiración quizás sea una irracionalidad o una locura.

Sin embargo, aquí estoy expresándome lo más abiertamente posible, aquí estoy tratando de ser un escritor, un poeta… Y Quizás hasta llegue creerme tal cosa, quizás estoy en ese plan, en esa semántica de unificar lo inimaginable. De crear de la nada mundos alternos donde la fantasía y los sueños rocen con lo épico, con lo Inalcanzable, con lo extraordinario… de sus historias, de sus personajes, villanos o héroes.

Aquí estoy; desnudándome - exponiendo al libre viento estas voces maniacas, esta incertidumbre, esta depresión, esta vida, esta locura.

Aquí estoy…
En medio de todo,
en medio de nada.

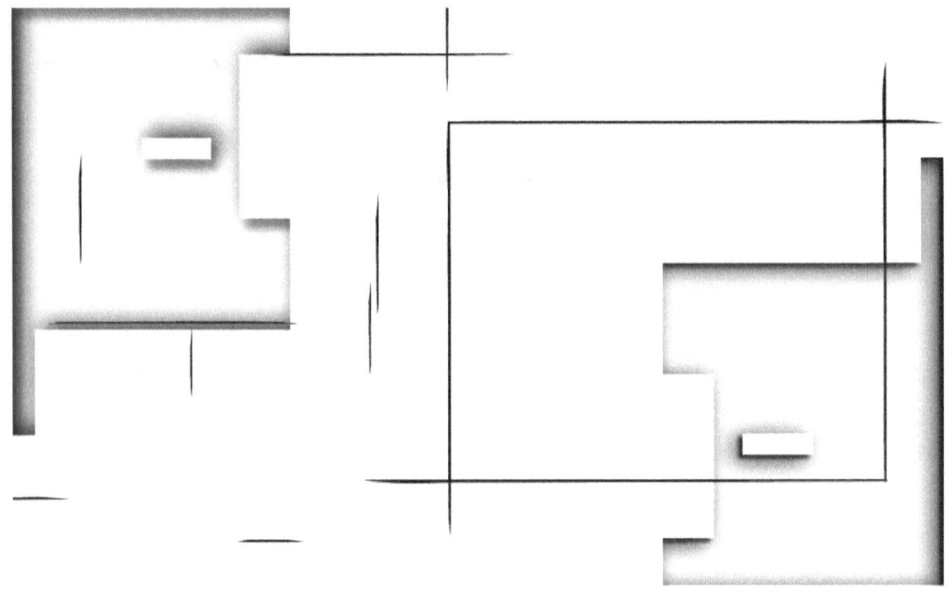

*Ni un palabra o exclamación; pudo
retener, nuestra ruptura.*

CRYSTAL OF DREAMS / SUEÑOS DE CRISTAL

El Bosque Perdido.

A media noche durante la serena tranquilidad que desborda el bosque de Crystal. Un hecho cambiaría las vidas de quienes habitaban sus alrededores. Tal fue la magnitud e impacto de lo ocurrido; que por todo el reino de Espenthlär. El mal comenzó a expandirse trayendo consigo hambruna, muerte y oscuridad.

Las guerras y la sed por la sangre corrompieron las almas por muchos años, la oscuridad se ergío estableciendo el caos el cual se propagaba como el cólera arrasando con todo a su paso. Muchos inocentes murieron en aquel entonces, algunos incluso marcharon a rumbo desconocido al verse en medio de una ilógica y despiadada matanza. Otros... no corrieron con la misma suerte.

Por un tiempo se pensó que todo estaba perdido,
sin embargo...

- ANTES DE -

Tara: ¿Andrew?
  ¿En dónde estás...?
  Andrew!!!!!!!

Andrew: ¡Aquí madre!
  Cerca de algún árbol - *Jejeje* (*risas*)
  ¿A que no me puedes verme...?

Tara: Andrew, te he dicho que no juegues
  a las escondidas este bosque
  puede ser muy peligros y puedes
  perderte con facilidad.

  Por cierto... ¿En dónde está tu hermana...?
  ¿No estaba contigo?

Andrew: ¿Rose...? ehhhh

Tara: Anda dime ya.

Andrew: Es que estamos jugando a ver quién
  encuentra un mejor escondite,
  Ma... Y Rose está la tarea de encontrarme.

Tara: Pues anda y buscala porque ya nos vamos,
  pronto anochecerá y quien sabe con qué
  cosas nos encontraremos por aquí,
  por el momento hemos terminado hoy.
Andrew: Está bien... Ma.

Andrew, quien es un niño de once años se emprende en la tarea de buscar a su hermana Rose, mientras su madre recoge y prepara las cosas para regresar a casa después de un día de descanso.

Tara, Rose y Andrew, son una familia muy unida que viven cómodamente en un pequeño pueblo granjero - ubicado a las afueras de las grandes ciudades. (*Como son la Ohrbeth, Xomuhstro, y Pherttépllia*).

Su pueblo natal es llamado Crystal - nombre fundado por su cercanía al bosque de Crystal. Y este se encuentra localizado entre las montañas del Norte. Muy retirado y sorpresivamente escondido. Solo quienes lo han visitado aseguran que es un lugar encantador, pacifico, mágico y misterioso - además afirmar su existencia.

Andrew mientras se adentra poco a poco en el misterioso bosque de Crystal, comienza a percatarse que los árboles se estremecen extrañamente, una brisa helada le embarga en su trayectoria, es como si quisieran decirle o advertirle que algo muy grave ocurrirá.

Él - quien conoce no del modo correcto el bosque, cree saber con certeza en donde está su hermana.

Asegura que su hermana se encuentra observando las ruinas del viejo reino (*Lamdba*) - ya que a Rose siempre les han fascinado.

Para llegar allí - Andrew atraviesa una pequeña colina cuesta abajo pasando sobre un viejo puente de madera que esta adjunto a un río. Ya desde esa ubicación se puede llegar al otro lado y bajar por unas escaleras formadas por rocas en donde se encuentran las ruinas del viejo reino; ocultas por un mar de bosques y montañas.

Mientras Andrew ya descendía hacia las ruinas donde cree que se halla su hermana. La ve - y la divisa no muy lejos de donde él se encontraba. Ella estaba arrodillada sobre un césped o pasto sospechoso algo muy crecido; como que buscando algún objeto perdido en el suelo. Rose le ve y le dice:

Rose: Hermano...
        ven, rápido.

Andrew: ¿Qué haces rose...? - Te he estado buscando,
        mama dice que ya pronto nos vamos.

Rose: Mira hermano hay
        algo ahí, brilla.

Rose le indica a Andrew que por un pequeño orificio en el suelo puede verse un objeto, o algo que desprende un brillo. Andrew intrigado - procede a observar también.

Andrew: Si hermana... hay algo ahí.
        ¿ Que podrá ser...?

Rose: Es un tesoro - ¡No es Genial!

Andrew: Puede ser o quizás
        sea otra cosa.

Rose: Claro que lo es y lo
        hemos descubierto.

Mientras los dos hermanos se encontraban observando el objeto por el orificio que yace en el suelo, no se percataron que el suelo estaba cediendo. Empezaba a hundirse.

Fue entonces cuando este se vino abajo y como si algo o un ente maligno los fuera empujado por la espalda, caen al agujero que antes no era nos más que un pequeño orificio. Andrew cae al fondo y queda inconsciente de manera instantánea por el impacto de la caída. De manera secuencial también se escucha el rompimiento de un objeto. Rose sorpresivamente pudo agarrarse y sostenerse en el borde del agujero.

Ella, como pudo se las arregló para subir ayudada por algunas raíces de algunos árboles - y reponerse en tierra firme. Desesperada y sin saber qué hacer. Rose de manera angustiosa grita y pide ayuda al ver que su hermano yace tirado e inerte. Después de un par de minutos Andrew logra al fin estar consciente, de alguna manera los gritos de desconsolación y desespero de Rose logran reanimarlo, despertarlo.

Andrew, un poco golpeado por la caída y mareado - se pone de pie. Se sacude la mugre y el polvo que yace en su ropa. De manera inmediata ve que hay algunos fragmentos de vidrio en su camisa y procede a quitárselos. Le dice a su hermana que está bien y que logre calmarse. Le pide que busque ayuda... mientras observa con inquietud y asombro el fondo de la cueva que parecía ser más que un simple hueco en medio del bosque.

Rose preocupadamente se niega a dejarlo solo y herido. Sin embargo, Andrew insiste mencionándole que ella sola no puede ayudarlo. Rose con lágrimas en los ojos le promete que volverá con ayuda y le menciona que por favor; este bien. Ella marcha inmediatamente con la promesa de encontrar la manera de ayudarlo.

Mientras tanto Andrew - aun en el fondo de la cueva. Comienza a recorrer esta que pareciese ser más amplio de lo normal. Andrew al dar varios pasos tropieza con varios objetos por la poca visibilidad y descubre uno en particular hallado en el suelo.

Es una especie de cristal o espejo con marcos dorados, símbolos y letras desconocidas. Se percata que está roto, y entiende que al caer por el agujero, él cayó sobre el cristal o espejo - que este a su vez amortiguó la caída. Andrew deduce de manera lógica y simple, el por qué su camisa llevaba varios fragmentos de vidrio.

A sí mismo mientras prosigue avanzar - la niebla que no permitía tener una mejor visibilidad, comienza a desaparecer así como si nada ante sus ojos entonces, comienzan a visualizarse escritos antiguos tallados en las paredes y papiros que se amontonaban en el suelo. Se veían monedas de oro por doquier, que desbordaban su brillo desde los cofres en cual resguardaban más riquezas aun no conocidas.

Más adelante se imponían grandes columnas, titánicas. Que dividían la entrada como tratándose de un ancestral templo y que pareciesen no tener fin alguno por sus alturas.

En medio de tantos objetos desconocidos que se encontraban allí abajo, Andrew eligió aleatoriamente levantar una especie de espada que se encontraba en el suelo junto a un centenar. La espada tenía una empuñadura similar a los grabados de la pared. Y la hoja era un poco curva con delineados altamente detallados.

Andrew desconocía que estos grabados son la lengua y escritura del antiguo reino (*Lamdba*). Que se dice; que fue extinto por la lucha en acabar el mal que azotó al reino durante siglos.

La historia - menciona que hubo constantes guerras en el pasado. Y que el mal cada vez se hacía más despiadado y fuerte. Fue entonces cuando aparecieron en medio de la hambruna, el caos y la muerte. Cinco guerreros dispuestos a erradicar el mal de su reino.

Se dice que cuando estos salvadores enfrentaron al mal. El tiempo se detuvo... la vida dejo de brillar, la noche dejo de oscurecer, los campos dejaron de ser fértiles. Y el aire; se volvió azufre.

Los salvadores lucharon hasta la muerte por años, décadas. Usando todo lo que estuvo a su alcance. Uno tras uno... cayeron lentamente. Y aquel mal - los despojó de toda humanidad. Pero en último acto (*Arconte*) líder de los guerreros. Antes de desfallecer llevo al mal a su destino, sellándolo con su propia vida en un abismo sin retorno, el cual le denominaron; el portal de cristal.

Estos fueron los últimos guerreros de su clase, en aquel entonces.

Algunos sobrevivientes del caos acontecido contaron de generación en generación tales hazañas. Muchos tristes por lo ocurrido aun brindan sana sepultura por aquellos que dieron sus vidas. Les honran desde entonces, y los veneran.

Son considerados; como eternos salvadores, en cuerpos mortales.

Andrew, quien a su vez desconoce estos acontecimientos. Continua su travesía ignorando que en un pasado y la mayor parte de los objetos que se hallaban allí, pertenecieron a los últimos sobrevivientes.

Por alguna razón o cosas del destino, sin más - Andrew se detiene en su trayectoria. Cree haber escuchado una voz y estima que proviene de donde está aquel espejo o cristal roto. Presiente que algo no anda bien.

Da media vuelta y se de vuelve por aquel estrecho camino. De momento, Andrew cree escuchar cosas que le susurraban al oído. Ve sombras por aquellas paredes que pareciesen ser más angostas de lo normal. La visibilidad empezó hacer opaca nuevamente mientras se acercaba al cristal o espejo roto.

Al llegar allí - un silencioso frío y espeso se denotaba en el ambiente. Notó que aquel cristal o espejo desprendía una especie de humo o gas blanco. Su respiración... torna en ser agitada mientras a paso lento se dirigía hacia aquel objeto.

¿Que es aquello? - una fugaz pregunta le vino a la mente.

Y poco a poco aquel humo o gas blanco que desprendía el espejo - comenzó a teñirse de negro.

La cueva lentamente en donde se hallaba Andrew comenzó a temblar... un escalofriante aullido proveniente de las entrañas del aquel templo se alcanzó a escuchar. Sombras y siluetas deformes parecían acercársele a Andrew desde las paredes y el suelo. Grandes rocas caían de lo alto desprendidas por el desconcertante temblor y el caos que procedían de allí, la tierra empezó a quebrajarse y tragarse todo a su paso como si fuese la furia de la naturaleza, todos aquellos objetos, tesoros, cofres... inclusive el templo - caían en un abismo que se había formado adentro de la cueva, desvaneciéndose entre las rocas, el polvo y escombros; como si nada.

Y en un último recuerdo.

Un haz de luz oscuro se desprendió del aquel espejo o cristal roto. Atravesando la entrada de la cueva - logrando salir a la superficie y llegar hasta lo más alto. Todo se oscureció de repente. El cielo paso de ser azul, a ser gris... y más tarde a negro.

Pareciese que en las nubes se librara una feroz batalla; por los truenos o relámpagos que allí se ocasionan y resuenan como grandes ecos. El aire comenzó a ser espeso y denso a medida que pasaba el tiempo. La lluvia se torna ácida y marchita con su paso a la vegetación. El agua se vuelve impura... en fracciones de segundos - matando de sed a todo ser, que dependen de ella.

El caos, la oscuridad y la hambruna; vuelven a emerger de lo incógnito después de tanto tiempo. Esta vez... el mal vuelve más fuerte desde su confinamiento. El Sello que lo mantenía atrapado ahora está roto. Y nuevamente como si se repitiera la historia.

Un velo de muerte; posa sobre el reino, a dictar su sentencia y mandato.

- TIEMPO DESPUÉS -

Años después de lo ocurrido. El reino de Espenthlär se convirtió en una área peligrosa y hostil donde cada quien protegía sus intereses a cuestas de su propia vida. La lucha por comida, agua o territorios traen constantes guerras entre su propia civilización.

De manera que se formaron arbitrariamente un tanto exclamativas - grupos subversivos o clanes; el cual luchan según sus ambiciones o necesidades en nombre de la libertad y la justicia. Más tarde comenzaron a limitar el paso a quienes de manera injusta, según sus leyes, se les tienen prohibido.

A los niños a temprana edad se les obliga a entrenar para matar - y que estos a su vez en la adolescencia y madurez, sigan asechando y ejerciendo la fuerza bruta como única salida. Los saqueos constantes, los robos, asesinatos y desapariciones forman desde entonces la nueva ley a la cual hay que ajustarse.

Así, queda el reino de Espenthlär dividido entre personas que ejercen la ley y orden en sus propias manos. Y un puñado de pocos; que ven con desdén y recelo como el mal corrompe las almas hasta la locura.

En uno de estos pueblos paradójicamente acabados por la guerra - aún se cierne la fe y la esperanza de que el reino vuelva a su gloria.

Allí inicia todo.

- EL VIEJO THOMAS -

El viejo Thomas, un señor ya adulto con canas en abundancia y que reside en el acabado pueblo de Mytnora, decidió salir del pueblo un par de días para ver si puede encontrar suministros y así ayudar a los más necesitados. Él, quien solo se basta con un pobre bastón se emprendió en su tarea.

Su trayectoria incurría en ir primero a la aldea Opsthlar, que queda no muy lejos de donde el reside. Allí buscará un poco de ayuda y medicina para sus allegados. También iría al epicentro como le llamaban - donde ocurrió lo sucedido hace muchos años para tratar de comprender y establecer, exactamente qué fue lo que pasó.

Dadas las cosas como estaban en el momento no debía de demorarse mucho - aunque se preocupaba toparse con algún clan que le robara. Por aquel entonces no había nada semejante a los coches de hoy en día, y los caballos solo los utilizan los clanes durante las guerras y para sus propios beneficios. Por lo tanto - el caminar era la única opción.

Después de un par de horas y un poco exhausto por el viaje, el viejo Thomas comienza a sentirse cansado. Busca un buen lugar para retomar fuerzas y decide instalarse bajo un árbol a la orilla del río. Acto seguido desmonta su equipaje y lo lleva al suelo, bebe un poco de agua y se refresca, Se seca el sudor de su frente.
De momento.

Como si fuese visto un espejismo, restriega sus ojos con sus manos un par de veces - y ve un cuerpo tendido a la orilla del río en sentido contrario de donde él estaba. Abrumado; se levanta y socorre en ayuda. El viejo Thomas se percata que es un niño. Y que este... aún está respirando. Cuando lo intenta levantar cae al suelo una especie de espada un poco extraña. La recoge y lleva al niño al pueblo de Mytnora para socorrerlo.

A la mañana siguiente.

Todos en el pueblo estaban a la expectativa de saber cómo se encontraba el misterioso niño. Se especulaba de dónde provenía, de sus rasgos y la vestimenta que tenía antes de socorrerlo. Algunos ancianos que sobrevivieron a lo sucedido afirmaron; que pertenecía a un pueblo desaparecido. El cual se dice; que este era un pueblo granjero. El viejo Thomas por su parte encontraba con un poco de expectación y asombro aquella especie de espada que parecía tener extrañas escrituras. Al medio día el viejo Thomas decide visitar y ver cómo va la mejoría de aquel chico.

La enfermera y encargada de cuidarlo - le menciona al viejo Thomas que está teniendo constantes pesadillas. Que aquel chico está hablando dormido de cosas extrañas, que por momentos grita, o pregunta desesperado de alguna manera - por el nombre de dos mujeres.

Ella le dice que está diciendo cosas como que todo se está cayendo, que las sombras se acercan por las paredes y el suelo, que un aullido escalofriante parece venir a llevárselo. Que todo es culpa - de un maldito espejo.

Esto último intrigo al viejo Thomas en rectificar sus sospechas. Que quizás dudaba por más extraño que parezca. De momento parecía que el chico fuese a despertar. Aunque algo muy grave lo perturbaba incluso inconsciente.

El viejo Thomas - le encarga del cuidado a la enfermera que parece cogerle afecto al chico al verle en ese estado. Algunos aldeanos se mantienen al margen y procuran no preguntar directamente al viejo Thomas - solo le desean buenas noches y que pronto el chico se mejore.

- DESPERTAR -

Casi amaneciendo en el pueblo de Mytnora se corre la voz de que aquel chico por fin ha despertado. Los aldeanos corren en busca del viejo Thomas - quien es respetado y admirado por su devota contribución. Él inmediatamente; acude a su llamado y se dirige de forma apresurada al consultorio médico. Donde algunos aldeanos ya esperaban afuera e incluso adentro de las instalaciones con tanta expectación. La enfermera le ve y le dice:

Enfermera: Viejo Thomas que bien
             que se encuentre aquí.

Interrumpiéndola le dice el viejo Thomas en voz baja.

Viejo Thomas: ¿Dime que ha pasado?
              ¿Es verdad lo que dicen todos?

Enfermera: Es correcto, pero estoy un poco preocupada,
No he podido calmar al chico, pregunta que en donde está, que quien soy yo o quienes son todas esas personas.
Que por qué está en centro médico.

Viejo Thomas: No se preocupe - ehhh, ya ha hecho
              Demasiado.
               Vaya y descanse un poco,
               me encargare personalmente
                del chico desde ahora.
               Cualquier cosa solicitaré su ayuda.

Enfermera: Con gusto.

La enfermera en último acto - acompaña al viejo Thomas hacia donde está la habitación del chico antes de retirarse. El viejo

Thomas, abre la puerta y le observa. Este asustado de no saber en dónde está y quien es aquel que está parado en el otro extremo de la puerta, trata de huir, pero se lo impide el viejo Thomas.

El chico al tratar de huir forcejea un poco, el viejo Thomas le dice que se calme que él puede ayudarlo, que no quiere hacerle daño. Y de manera sorpresiva; el viejo Thomas le muestra la espada con su mano derecha - preguntándole esto es tuyo.

Al parecer logra calmarlo, la mirada del chico se apaga y voltea mirar hacia una ventana, acto seguido responde:

El chico: Lo siento, pero no
                  me pertenece.

El viejo Thomas sintió un alivio por lo menos al poder entablar comunicación.

Viejo Thomas: Puedo saber... ¿Cómo lo obtuviste?
               ¿O al menos saber tu nombre...?

Sabes, muchos allá a afuera preguntan por ti, les preocupas, aunque no tengan la certeza de saber quién eres.
Yo - he tratado de averiguar sobre este artefacto, Pero no he conseguido mucho. Inclusive he estado esperando a que despiertes.

El chico: ¿Despertar...
          ¿Yo?

Viejo Thomas: Si, has estado inconsciente.

El chico desubicado al escuchar las palabras del viejo Thomas; trata de ordenar sus recuerdos e ideas. El viejo Thomas le habla aclarándole que debe descansar más para retomar fuerzas. Le pide disculpas si fue inoportuno en preguntarle muchas cosas. Dejo dicho que se encontraba en un centro de sanidad y que si quisiera algo una enfermera le atendería.

El viejo Thomas se retira de la habitación sin más preámbulos afirmando que mañana volvería.

Algunos aldeanos que aún se encontraban merodeando las instalaciones. Rompieron su silencio y le preguntaron al viejo Thomas al salir de la habitación sobre el chico. Este afirmo que estaba fuera de peligro y que debe de descansar. Que por el momento no lo molestaran porque lo aturdirían y estresarían más.

- IDENTIDAD -

El chico en cierta forma empieza a tener más confianza de quienes le rodeaban en el centro médico, tanto como en la aldea. Comienza a recuperar vitalidad y movilidad. El viejo Thomas regularmente lo visita para poder avanzar y establecer porque él se encontraba allí tendido a las orillas de un río.

La enfermera Yisel del centro médico que tanto afecto le tomo, le educaba; para así ejercitar su memoria y poder hallar respuesta alguna. No fue entonces, que una tarde común y corriente - el chico recuerda, su nombre.

Andrew.

Con el pasar de los días los recuerdos de Andrew venían en forma magistral. El viejo Thomas le explicó; muchas cosas que hasta ahora no sabía y desconocía.

Él le relato lo que ocurrió ya muchos años atrás. Le explica - que una luz oscura tiño en oscuridad los cielos, montañas, bosques, valles y ríos. Que el cielo oscuro se estremeció desbordando fuego sobre quienes este apetecía. Que el mal trajo consigo la muerte, la hambruna y la oscuridad, donde reinaba desde entonces la ley del más fuerte, en medio del caos depravado.

En su pecho algo le embargaba y le corta la respiración como si en el fondo supiera toda la verdad desde entonces. O como que todo este tiempo su subconsciente estuviese negando algo ocurrido. Andrew le pregunta al viejo Thomas; de dónde provenía la luz, cuál era su origen.

El viejo Thomas pidió ayuda a los ancianos de la aldea que sobrevivieron al acontecimiento, y así entre todos afirmar... que la luz oscura provenía de un bosque, más exactamente donde existió un pueblo granjero; al cual llamaban Crystal.

Sus ojos perdiéndose en ellos mismos, se enardecieron de lágrimas y dolor - los recuerdos entonces volvieron como si fuese ocurrido recientemente. Su alma se partía lentamente en dos, por la mitad.... como si recibiese un puñal directo al corazón. Andrew - queda desconsolado.

- PENA Y DOLOR -

Devastado, Andrew.... le menciona antes de partir del pueblo al viejo Thomas. Que él vivía junto a su madre y hermana en aquel pacifico pueblo. Que un día por algún motivo; ellos encontraron bajo el suelo una especie de templo que contenía muchas riquezas y objetos valiosos. Le señala que es allí de donde proviene la espada con grabados y que en la entrada por decir de alguna forma; una especie de espejo o cristal con marcos dorados, se encontraba allí.

Andrew en un último recuerdo - le afirma que la luz era emitida por aquel objeto.

El viejo Thomas junto a la enfermera Yisel, antes de que partiera Andrew le preguntaron a donde se dirige. Sin certeza alguna solo menciono que no lo sabía, pero que debe hallar la manera de estar en paz consigo mismo. Fue entonces cundo marcho - a rumbo desconocido.

En su mente muchos interrogantes surgían a cada segundo, pareciese que era un caos allí que aquellas memorias volvían hacerle un nudo en la garganta. Por momentos se detenía a llorar convalecido. Negándose aceptar que nunca podrá ver nuevamente a su madre y hermana. Unas de sus interrogantes era la de como salió con vida de allí y dio a parar a orillas de un río. Porque él ha sido el único en sobrevivir. Como es posible que hayan pasado muchos años. O décadas.
No obstante, cada vez que se preguntaba una y otra vez tales incógnitas, volvía a desconcertarse y caer en los recuerdos; que a su vez parecieran ya ser mundanos, fríos y solitarios.

Sin precisar rumbo alguno - Andrew avanza en medio de la noche, moribundo como tratándose de un cuerpo hueco. Sin darse cuenta; cae sobre un acantilado y queda golpeado, mal herido sobre el suelo. Allí diría él en propias palabras, para que vivir - y se deja inerte; esperando que algo o alguien acabe su sufrimiento.

Inesperadamente; en medio de la nada y sin percatarse, se duerme. Quizás su cuerpo y alma estén pagando alguna condena, voces nuevamente le susurran al oído y aquellas sombras esta vez logran alcanzarlo. Su cuerpo empieza a hundirse en el suelo como si fuese arena moviliza. Y este aun inmóvil se hunde frágilmente hasta desaparecer.

A la mañana siguiente un rayo de luz golpea el rostro de Andrew quien despierta de una forma precipitada. Se da cuenta que se quedó dormido y que cayo cuesta abajo desde un acantilado. Se levanta del suelo y procede a desayunar con algunos panes de trigo que llevaba en su pequeño equipaje.

Andrew quien no se percató en donde había terminado, comienza a reconocer algunas cosas al observar más detalladamente. Es como si su subconsciente le fuese llevado allí... aunque fuese caminado toda la noche sin rumbo alguno.
En frente de él - yace lo que alguna vez fue el pueblo Crystal. Ahora solo es más que un terreno desértico y hostil, donde pareciese que nunca hubiese existido algún pueblo. Las pocas ruinas que se alcanzan a ver ya están rodeadas y sepultadas por los árboles y la fauna. Los campos de trigo no son más que verdes malezas que crecen el suelo. Y en donde se hallaba su hogar, ahora hay un viejo árbol acabo y seco. El pueblo Crystal no es la sombra de lo que fue.

Al estar ahí - Andrew se toca profundamente el pecho y cae arrodillado. Y como pidiendo alguna explicación, al viento, a la nada.

Se preguntaba - ¿Por qué?

Grita enfurecido - como reclamando - Como exigiendo algo al

cielo. Sus lágrimas recorren su rostro ahora inanimado ante dolor. La rabia se apodera de él. Que empieza a coger y tirar todo lo que está a su paso, desconsolado... Andrew cae al suelo como dándose por vencido.

Por un momento se le ve ido, perdido - quizás aferrándose a los recuerdos. Su mirada que vislumbraba en aquel entonces inocencia, amor, vida. Ahora solo desprendía odio, resentimiento y rabia.

Se promete a sí mismo; que encontrará en esta vida o en la otra la manera vengarse. Y hará pagar en un eterno sufrimiento el dolor que siente en el alma.

- El forjamiento de un héroe -

Tiempo después en las afueras de las ciudades donde habitaban los clanes; Se corría el rumor que un guerrero furtivo y desconocido. Empezó la tarea de desintegrar poco a poco a los grupos subversivos.

Algunos decían que fue visto por última vez en las afueras donde existió el pueblo Crystal. Otros afirmaban que custodiaba como un guardián a aquellos de buen corazón y los ayudaba a protegerlos. Muchos creían que este salvador aparecería en cualquier momento y atacaría sus instalaciones. Y otras personas que aún tenían fe - creían que el mal - pronto llegaría a su fin.

Debido a esto - muchos clanes incrementaron su seguridad y armas para estar preparados en cualquier momento. Ahora sus golpes, saqueos y robos no se efectuaban de manera triunfante - ya que inclusive algunos pueblos se han armado para combatirlos; inspirados por el misterioso guerrero.

Comenzaron así a conocerse entre los pueblos las hazañas que este guerrero furtivo - realizaba. Y Andrew cuyo paradero es desconocido - deja una nota a la enfermera Yisel y al viejo Thomas; en donde menciona que ya hallo la paz en su interior. Y que ahora el tiempo para él es solo una palabra sin sentido. Les agradece por todo lo que hicieron por él. Y termina la carta diciendo unas frases.

Ahora es cuando todo empieza,
el deber requiere estar preparado.
Y el retorno advierte; que pronto...
Yo me haré marchado.

- El forjamiento de un héroe -
(Segunda parte)

Andrew quien se encontraba en las ruinas del pueblo Crystal. Decide pasar la noche allí y prepara una fogata cerca de donde alguna vez existió su casa. La noche desvelaba muchas estrellas ese día, el viento agitaba los arboles estremeciéndolos extrañamente. A lo lejos parecían escucharse gritos, voces sin sentido alguno, el cual Andrew no parece darles importancia.

De repente - todo vuelve a tornarse en silencio. La temperatura baja en forma precipitada, el aire se vuelve frío y pesado. Y a lo lejos - empiezan aparecer unas especies de sombras que se acercaban rápidamente. Un aullido feroz se alcanzó a escuchar a lo lejos y retumbar sus alrededores. Una imagen fotográfica se posó en la mente de Andrew recordándole lo que había su sucedido anteriormente. Algo le indicaba que aquella cosa lo que quiera que fuera; es su verdadero enemigo. Por más que se armó de valor sabía que no estaba preparado para enfrentarlo; y más acertado si estuviese listo para la batalla, el cómo herirle era la mayor incógnita en el momento.

Así que emprende a la huida no por su cobardía, ni por miedo. Aquel que yace en el cuerpo de solo un chico; ya es un hombre.
Las sombras atacan a Andrew en su huida, salen como especies de tentáculos del suelo y lo embisten desde grandes alturas por donde se movía con gran rapidez.

Varios tentáculos en medio de la persecución por poco hieren Andrew por el frente, este se detiene y toma una vara de madera y acierta varios golpes - pero no consigue hacer daño alguno. Este se descuida y un tentáculo consigue herirlo y embestirlos desde el estómago; lanzándolo a muy larga distancia de donde se hallaba. Cae mal herido rodando sobre el suelo, pasto o césped. Se incorpora rápidamente y se dirige curiosamente hacia un bosque muy retirado de donde se existió el pueblo Crystal y su adyacente epicentro.

Las sombras parecen tomar más fuerza y rapidez - Que una de ellas alcanzo de manera impresionante a Andrew. Él recorría ya las entrañas del bosque Oppa. Pero estos le rodean y lo llevan sobre un precipicio - y lo atacan, un tentáculo consigue embestirlo y lanzarlo al vacío, otro le hiere en su rostro infligiéndole una cortada; que la sangre fluye y se riega sobre el suelo cual fuese una fuente.

El cuerpo de Andrew cae al precipicio; como si se tratara de una silueta perdida en el horizonte. Y frágilmente desaparece, entre el vacío, la oscuridad y el bosque.

El destino - tiende sus hilos nuevamente y juega sus cartas de manera tal, que algunas veces pareciese estar en tu contra.
El cuerpo inerte de Andrew - cayo y fue rodando sobre los árboles que amortiguaron la caída, sin embargo, algunos de ellos solo consiguieron herirlo más.

Entre abriendo los ojos - Andrew se reanima. Su visión es borrosa, opaca, aun tendido en el suelo parece ver una silueta como si lo estuviese mirando. No logra saber con exactitud qué es y luego vuelve; a estar inconsciente.

La suave brisa después de un determinado tiempo, estremece los árboles, una paz y calma se presencia en el bosque. Andrew despierta y recuerda lo antes sucedido. Da un golpe al suelo con su mano derecha y se levanta. Observa su alrededor y un poco desconcertado, echa andar aun adolorido en el estómago. Recorre varios metros por una especie de camino y a medida que fue adentrándose descubre que aquel bosque; guardaba un secreto. Poco se sabe del bosque Oppa; o si alguna vez hubiese existido un pueblo o alguna civilización allí. Este paradójicamente esta al extremo contrario de donde existió el pueblo Crystal.

Pero eso no explicaba por qué Andrew habría descubierto ruinas del antiguo reino. Habían columnas derribadas y tendidas sobre el suelo, algunas edificaciones aunque ya echas nada aún se mantenían en pie. Esfinges y estatuas yacían en la maleza que estas a su vez la cubrían con sus ramas y sus hojas. Todo era tan confuso como si todo diera vueltas. La mente de Andrew parecía haberse detenido por unos instantes.

Hasta que alguien le hablo;
Desconocido: Veo que has despertado,
                          Andrew.

Una voz proveniente de donde está la entrada hacia ese lugar. Se escucha y pronuncia su nombre. Andrew; voltea de forma tal que se impresiona. Entendía que unos segundos allí no había nadie.

Y en frente - yace una especie de caballero, su armadura pareciese antigua, pero era imponente con escrituras sagradas del antiguo reino (*Lamdba*). Su yelmo cubría su rostro, pero denotaba tenacidad y determinación en su mirada, su espada destellaba y recubría sus manos como si estuviese unida a su cuerpo. Y un brillo que le rodeaba; se desprendía como si fuese un halo de luz divino.

Sin mediar muchas palabras.
Le revela su nombre;

Desconocido: Mi nombre es,
                          Arconte.

- El forjamiento de un héroe -
(Tercera parte)

Arconte - quien fue líder de los salvadores en la antigua guerra. Se le presenta a Andrew en su forma mortal; para así realizar su último acto en este mundo.

Desde un inicio existió la paz en el reino de Lamdba, por muchos siglos la calma, el amor y la prosperidad se mantuvieron haciendo de estas tierras un cálido lugar. Sin embargo; el mal desde lejanos territorios cobraba fuerza y poder. Este mal fue erguido - por la ambición, de un solo hombre. Este cegado de codicia, lujuria, riquezas... Irrumpió en una revuelta al dar un golpe de estado y revocar al rey.

Sin tener éxito - este fue desterrado del reino y se le perdonó la vida por órdenes del soberano rey; el cual revindicaba que aquel hombre pagaría su falta en vida propia hasta la muerte. Lamentable error.

Este desterrado ya - de toda esperanza para cerner sus ambiciones. Comete la falta y el pecado acaso echo; de vender su alma y cuerpo al mal. Sin saber lo que había desatado o lo que le pasaría. Esta oscuridad le otorgo poderes más allá del entendimiento humano. No duro mucho de descargar su ira sobre el reino. Y por siglos entonces; se libran sangrientas batallas para combatirle, pero inútilmente este es despiadado e inmune a los ataques. Aquella cosa ya no era humana.

Esforzándose - los guerreros lucharon sabiendo que sus acciones eran inútiles. Y allá en esa despiadada batalla les esperaba una muerte eminente, pero eso no los detuvo, inclusive sabiendo eso, marchaban a luchar.

Al no poder encontrar la manera de vencer aquella oscuridad, los últimos grandes sacerdotes y hechiceros; hallaron la forma de combatirle. Se descubrió que, aunque el mal más allá de sus poderes inimaginables. Se le puede apresar, capturar. Fue así en entonces que los hechiceros fabricaron unos artefactos que servirían como recipientes o contenedores para retener cautiva a la oscuridad en un confinamiento. Son un total de cinco recipientes cuyas formas u/objetos son variados. Estos fueron bendecidos por los sacerdotes - que tallaron en oro con la escritura Lamdba, oraciones para aprisionarlo.

Así mismo fabricaron legendarias armaduras únicas en su tipo - para solo cinco personas - sacrificando sus vidas en el proceso. En último acto - los mejores soldados al servicio del Rey fueron enviados a combatir el mal. Se les doto de las armaduras legendarias incluyendo los recipientes y armas. Armas el cual eran las mejores y fueron fabricadas por los hechiceros.

Como cuenta la historia - así ocurrió. Solo cinco personas en medio del caos, la muerte y la oscuridad enfrentaron al mal.

Duliath - era quien portaba el recipiente llamado La Esfera de Crystal. Ella quien era una fiel guerrera provenía de Xomuhstro, cuya ciudad estaba agradecida por sus acciones en el pasado.

Lion - un soldado aprendiz que demostró con su valentía; de lo que esta echo un pueblerino oriundo de Deplloriam. Él portaba el recipiente llamado Aguas de Manantial.

Épsilder - caballero honorado ante el Rey por sus labores y contribución. Se desconoce de dónde provenía. El resguardaba el recipiente llamado Eones de la Antigüedad. O de Fuxptser.

Íoptha - guerrero real de la dinastía Lamdba, el cual es respetado por devolver la identidad a muchas tribus. Él portaba el recipiente llamado Espíritus del Alma, (*alba*).

ARCONTE - guerrero real de primera clase y comandante general, proviene de la ciudad capital Ohrbeth, es considerado como legítimo sucesor del soberano rey. Se le otorgan grandes victorias y por ello es conocido por todo el reino ganándose el respeto y admiración. Se le adjudican inmensas hazañas por muchos años en devolver y contribuir en el restablecimiento del orden y la justicia. Él portaba el recipiente llamado El Espejo de Crystal.

Así; desconociendo los que les fuera a pasar. Aquellos valerosos héroes se dirigieron a la fuente de todo mal ubicado el monte más alto del reino. Se dice - que cuando la última batalla inicio, el tiempo se detuvo.

- LA CAÍDA DEL MAL -

Arconte - quien le contaba a Andrew estos acontecimientos en el bosque perdido Oppa. Detiene su historia y se le acerca a Andrew mencionándole. Que el ha sido elegido para aprisionar al mal. Inmediatamente como si estuviera negándose a aceptar su destino - Andrew le pregunta a Arconte;

Andrew: ¿Por qué yo he sido el elegido y
no otra persona?
¿Por qué ha pasado todo esto...?
Es un error.

Arconte guarda silencio unos segundos, le mira y dice:

Arconte: Mas allá de ser ahora el portador para enfrentar aquella oscuridad. Debes ver la verdad aun sabiendo que esta puede no ser clara, los errores del destino - no existen.

Arconte al terminar de hablar, observa hacia lo lejos, camina un poco al lado derecho de donde estaba Andrew. Y dejándose ver una sonrisa. Le dice que es hora de conocer la otra parte de la historia.

Arconte le cuenta a Andrew que cuando llegaron allí - sabían que no podían regresar. Primero porque estaba su deber de vencer aquella criatura, antes que nada. Lo segundo Por qué; por extraño que parezca - el tiempo no existía, aquella cosa... controlaba todo y no los iba a dejar escapar si lo intentaran.

Fue así que este ser esparció por todo el lugar una especie de nube negra y los encerró allí adentro. Parecía otra dimensión, era un caos.

Al ver que este tomo la delantera Arconte da la orden de vencer y matar a sus guerreros, Iniciando así la última batalla.

Todos luchaban con sus fuerzas, pero ese ser parecía no estar recibiendo algún daño, tentáculos emergían por todos lados atacando a los guerreros, llamas caían de aquel umbral tenebroso sofocando en calor a quienes estuviesen allí. Relámpagos chocaban al suelo con gran impacto dejando cráteres enormes. Extrañas Criaturas aparecían de la nada atacando ardidamente a los determinantes héroes. Estos llenos de valor y coraje a remetían con grandes golpes aquellas siniestras criaturas. Luchaban en equipo para defenderse el uno al otro armando una mejor ofensiva.

Y creyendo que este se estaba debilitando después de un par de horas, todos decidieron que era el momento para usar los recipientes.

Lion fue el primero en usar el recipiente Aguas de Manantial para tratar de aprisionar a la bestia. Mientras el usaba el recipiente lo otros le protegían luchando y dejando el camino libre. Al usarlo una especie de esfera boreal muy cristalina y con un color azul - emergió del recipiente; y Lion lo lanza a donde se hallaba aparentemente el mal.

Dicha esfera boreal acabó muchas criaturas a su paso, mientras otras emergían nuevamente. Solo faltando poco para ser contacto con su objetivo - este como si nada se desintegra en el aire.

Los guerreros reaccionan rápido al ver que no surtió efecto el ataque para capturarlo. Y forman nuevamente su defensa. Mas criaturas emergían y los atacaban sin cesar - Ellos seguían luchando mientras no se percataban lo que sucedía en el alrededor, más específicamente - afuera y en ellos mismos. Al parecer ellos aprisionados en aquel umbral de oscuridad no notaban que el tiempo pasaba aceleradamente. Ya llevaban más de mil años de estar luchando contra aquella bestia, aunque la batalla hubiese iniciado tan solo unos cuantos minutos. No se percataban que sus cuerpos al estar expuestos al umbral, estaban envejeciendo; pero por portar las legendarias armaduras lo hacían un poco más lento.

Épsilder le indica Arconte que no pueden mantenerse así por más tiempo. Y deciden usar el recipiente Eones de la Antigüedad.

Un haz de luz se abrió entonces sobre el umbral que cubría la batalla, una luz muy destellante comenzó a iluminar el campo de lucha mientras este temblaba y hacia retroceder a las sombras. Las criaturas se desvanecían por la luz que los cubría hasta su fuente y no volver a emerger. Y con sus brazos alzados hacia el cielo, Épsilder sostenía un reloj de arena, que poco a poco emitiendo hondas con intervalos de segundos - comenzaron a atraer y absorber a la bestia. Un portal se generó y cobraba más fuerza cada vez que este absorbía a la oscuridad.

Se vislumbraba por momentos; que todo había terminado. Que por fin aprisionarían a la bestia.

Pero de repente; un tentáculo oscuro atraviesa a Épsilder por la espalda. Todo parece como si fuese en cámara lenta. Épsilder cae y yace muerto sobre el suelo. El reloj de arena cae también paralelamente y se rompe. Y como en una reacción en cadena; todos gritan el nombre de su compañero mientras guían sus vistas hacia aquel.

La bestia, había mostrado su verdadera forma.

Este riéndose al ver que asesina a unos de los guerreros sin escrúpulos menciona que sus juguetes no pueden hacerle daño. Y como retándolos; les dicen que van hacer ahora.

Lion - desesperado le grita que es un maldito, lleno de ira se abalanza sobre el para atacarlo y este con solo levantar su brazo derecho. Lo asesina; partiéndolo en dos.

En un baño de sangre se había convertido aquella batalla. Muchos inocentes habían caído dando sus vidas para que todo terminara. Todo en el mundo; era un caos. Por momentos aquella determinación que fue clave en los momentos más duros, volvía - resignada; al no hacer algo.
Arconte - reacciona, llama a Duliath y Íoptha para estar unidos y enfrentarlo. Les dice que se usen los recipientes restantes de manera simultánea, de forma tal que este no pueda atacar. Se dividen a muy larga distancia entre ellos y se empeñan en usar los recipientes simultáneamente.

Esto de alguna manera enfurece a la bestia el cual despoja un ente oscuro. Se abalanza sobre Arconte diciendo (*te dejare de ultimo*). Lo embiste en un abrir y cerrar de ojos, de extremo a extremo. Arconte se levanta por los aires y rueda varios metros de donde se encontraba; al recibir el impacto el recipiente llamado El Espejo de Crystal, sale volando simultáneamente junto a su yelmo.

De manera paralela - mientras que el espejo aún permanecía suspendido por los aires. La bestia como si fuese un dios maligno que controla el tiempo a su gusto. Ya se hallaba al otro lado impidiendo y asesinando a los otros guerreros a usar los recipientes.

Al incorporarse herido de gravedad; Arconte ve caer al suelo El Espejo de Crystal. Mientras en el otro extremo estaba la bestia asesinando a sus compañeros. Este le ve, y con una sonrisa de satisfacción dice:

Bestia: Ahora es tu turno. jajaja (*risa*)
          Morirás lentamente.

La bestia se dirige a paso lento hacia donde estaba Arconte. Su mirada despojaba una sed de sangre - como indicándole que con su muerte llegaría al éxtasis. A medio camino; Arconte se percata de que este - no sabe que sobre el suelo yace tendido El Espejo de Crystal. Y al pasar sobre él, el reflejo del espejo proyecta la luz del sol amplificado y roza el rostro de la bestia hiriéndole. Este inmediatamente se aparta transformándose en partículas o en una sombra, la bestia volviendo a su forma original - le dice arconte;

Bestia: Veo que aun tienes haces bajo la manga, esto cada vez se vuelve más interesante.

Por la mente de Arconte, solo se hallaba un lógico y un único pensamiento. Usar como fuera necesario aquel recipiente tendido en el suelo. Ahora lo que debía de descifrar; es saber la manera de cómo llegar a él sin que la bestia se diera cuenta de ello. Arconte ve que puede usar la situación a su favor.

Por un momento; todo se torna en silencio. La brisa llega y golpea las heridas abiertas de Arconte. Sacude su rostro inanimado y descubierto el cual parece tener la mirada fija. Su respiración es calmada, fluida, ante el caos, el fuego y la destrucción.

Como tratándose de un duelo del lejano oeste. Allí estaban los dos cruzando sus miradas, esperando a que quizás uno tome la iniciativa, y aseste el golpe de gracia.

Pasados unos segundos... la batalla continua.
Los dos corren ejemplarmente para atacarse entre sí, Arconte empuña su espada irguiéndola con su brazo derecho en lo más alto. La bestia transforma sus ambos brazos en tentáculos que emiten una oscuridad.

Y faltando poca distancia para encontrarse la bestia salta a varios metros por el aire; esquivando el ataque sorpresivo de Arconte; que al batir su espada - este deja estela de aire cortante. La bestia aun suspendida por los aires; toma sus brazos como si fuesen látigos y los usa para atacar su objetivo. Uno roza el rostro de Arconte y el otro se enreda sobre su mano derecha. Arconte al estar atado de cierta manera da círculos en sí y logra lanzar a la bestia quien lo tenía sujetado. Este cae de gran altura que por el impacto se hace un cráter en el suelo.

Arconte - ve que es su oportunidad para recoger El Espejo de Crystal, pero se descuida por unos instantes y es atacado sorpresivamente; esta vez fue una orbe oscura que lo impacta, le destroza parte de su armadura y lo lanza hacia donde se dirigía. Arconte cae herido de muerte.

Él trata de reponerse - y escucha los pasos de la bestia acercándose, acercándose... muy lentamente. Ya para el momento en que pudo reponerse, aun convalecía por sus graves heridas; y afirmaba que solo había una solución. Le costó un poco ponerse pie - cuando lo consigue. Aquella bestia yacía en frente de él.

Arconte solo le mira como si supiera como va a terminar todo. La bestia sin remediar palabras... solo le ataca. Arconte no esquiva el golpe, y este le atraviesa - haciéndole una herida desde su estómago hasta salir por la espalda.

Al fin todo parece - Que la batalla ha terminado.

La bestia aun teniendo su brazo o tentáculo atravesando el cuerpo de Arconte - Sonreía de satisfacción. Sus ojos pareciesen entonces los de un ser despiadado invadidos por la locura. La sed por la sangre le hacía votar baba por su boca como si estuviera exaltado o excitado; al complacer sus desquiciados deseos. Su sonrisa reflejaba el ser maligno y hueco que despojaba aquel cuerpo ya no humano.

Este en completo éxtasis ya al cumplir su cometido. Trata de soltarse del cuerpo de Arconte. Sin embargo, ve que no puede hacerlo. Al forcejear un poco observa que algunas partes de la armadura de Arconte aun desprendían un pequeño haz de luz.

Comprende que este aún sigue con vida, y cuando su mirada ya se hacía para ver el rostro de Arconte. Este ya lo estaba mirando, con una sonrisa.

Muy lentamente Arconte levanta su brazo derecho, y en su mano que aun ensangrentada por las heridas, sujetaba El Espejo de Crystal.

Y en un grito de triunfo.

Arconte usa el recipiente... diciendo.
Te veré en el infierno.

Fue así que Arconte aprisiona a la bestia en su confinamiento. Dando su vida a cambio. Él sabía que si trataba de usar El Espejo de Crystal este se lo impediría. Y por la desventaja durante todo el combate - esta era la única opción.

Al usar El Espejo Crystal una especie de agujero negro se formó en el alrededor. Un torbellino oscuro los transporto a una especie de espacio tiempo en donde se hallaban flotando en el vacío. Una luz comenzó alzarse sobre sus cabezas y esta comenzó absorber a la bestia y Arconte al mismo tiempo. Ya para cuando todo fuese desintegrado por la luz. El Espejo de Crystal estaba tendido nuevamente sobre el suelo en medio del campo de batalla.

- LA CAÍDA DEL MAL -
(SEGUNDA PARTE)

Al terminar la sangrienta batalla algunos sobrevivientes junto a los pocos hechiceros que aún quedaban - hicieron todo lo posible para esconder El Espejo de Crystal en un lugar secreto para que nunca fuera encontrado.

La paz que tanto se anhelaba poco a poco fue volviendo sobre el reino. Se honraron a todas aquellas personas que dieron sus vidas para vencer el mal. Sepultaron con honores a los salvadores y se les otorgo el título de caballeros de diamante; reconociéndolos desde entonces - como héroes eternos en cuerpos mortales.

Nacieron entonces en los años venideros en el reino nuevas ciudades y pueblos pacíficos mientras este se regeneraba. Y como si nunca hubiese ocurrido algo, en ruinas, malezas, árboles y polvo - quedaban las sombras del viejo reino.

Arconte que aún se encontraba relatándole los hechos a Andrew. Le confiesa que su estadía solo es temporal y que le queda poco tiempo.

Este le sugiere que es ahora de revelarle algo importante. Le dice que más allá del entendimiento - el destino lo eligió a él no precisamente porque así estaba determinado, sino porque así ocurrió o algo lo provoco. Arconte se detiene en su relato. Y le pregunta a Andrew si trae consigo un artefacto o una espada. Andrew sorprendido saco de su camisa aquella espada con grabados que recogió de la cueva y se la muestra a Arconte.

Arconte mirándole fijamente dice que ahí en sus manos yace la verdad. Y le cuenta a Andrew que de alguna forma él mismo lo ayudo. Le desvela que él al caer por el agujero y romper El Espejo de Crystal no solo libero al mal de su confinamiento; si no también parte de su alma atrapada en el.

Le rectifica que no fue cosa del destino que él eligiera esa espada - Arconte le menciona que el intervino para que la tomara.

Y como si eso no fuera tan revelador - Arconte le dice que él sobrevivió a aquel acontecimiento por que el mal al ser liberado; buscara un nuevo cuerpo ya que este fue despojado de aquel que le sirvió. Arconte menciona que el mal no puede solo tomar el cuerpo a simple gusto - la propia persona debe cederlo o en su defecto pactar un trato.

Debido a esto al instante que aquella luz oscura es emitida por el espejo, el mal emergió buscando un nuevo cuerpo; y mientras que Andrew se hallaba a unos pocos metros de este. El mal de manera despiadada intenta apoderarse de él.

Al no poder apoderarse del cuerpo de Andrew, solo este es liberado en su forma original al exterior hasta que halle algún cuerpo que le sirva como recipiente - y aquellos que el mal no pudo utilizar; en cierta forma al intentar hacerlo, o por algún motivo le obliguen a separarse de el. Se convierten temporalmente en cuerpos inmunes perdidos en el espacio tiempo. Estos rebotaran por el universo hasta volver a donde pertenecen; sin tener en cuenta el espacio tiempo pasado.

Eso explicaba por qué Andrew apareció tendido a las orillas de un río, años después de lo sucedido. Mientras Andrew aun asimilaba toda esta información. Arconte le pide que se acerque para así finalizar su tiempo en ese mundo.

Le dice que transportara a su alma y mente sus experiencias y habilidades para que él esté preparado y pueda enfrentar al mal. Alzando su espada sobre la cabeza de Andrew - este dice unas palabras; Tpïol rheior - una energía simétrica entonces posa y comienza a recorrer sobre Andrew, un halo de luz se abrió entre los cielos e ilumino su cuerpo, una especie de variadas auroras abrieron un portal él cual le absorbió. Y como hallándose en una especie de ensueño Andrew parecía caer cual hubiese un precipicio, todo era confuso... que al estar cayendo de manera ilógica en un vacío este atravesaba varios portales (*Puertas*) casi en forma secuencial.

A lo lejos aparecían auras de muchos colores acercándose y empezaban a embestirlo casi en forma agresiva. Y mientras aun caía en el vacío - él entra en otro portal; y como si se estuviese viéndose así mismo por la espalda, de pie, se acerca lentamente y regresa a su cuerpo.
Al volver Andrew en sí - parece estar un poco mareado. No sabe dar una explicación a lo que fue todo eso. Observa que lleva puesto una armadura y siente como si una energía ardiente fluyera en su interior, observa sus manos con curiosidad que pareciesen tener más fuerza de lo normal al cerrarlas. Y al percatarse de los cambios en su cuerpo ve que arconte aún seguía ahí; en pie observándolo.

Este acercándose pide que le preste por un momento la espada con grabados; al dársela - Andrew ve que Arconte parece ya algo muy débil. Él Mientras sostenía la espada con sus ambas manos. Emite un haz de luz que deja cegado a Andrew en unos cuantos segundos. Arconte había convertido la vieja espada, en una mucho mejor.

Sabiendo de que el tiempo ya se estaba acabando, Arconte pensó que debía apresurarse antes de su partida. Sin embargo, se desploma como si fuese herido; y queda arrodillado de tal manera sobre el suelo - que su mano derecha oprime su pecho, y su mano izquierda es usada para sostenerse, su semblante ya era opaco y su mirada parecía perdida, así en ese estado dirige sus últimas palabras.

Arconte: Hey chico... ha sido un honor,
          haberle conocido.

No sé qué me espere en la otra vida,
o si estoy preparado para ello.
Tantas luchas, sacrificios, metas,
sueños, para qué.
    Si ninguna estas cosas,
    te prepara para morir.
    Solo me iré sabiendo;
    que tú serás mi sucesor.

    Debes saber; que quien fuese aquel,
    Que por motivos propios,
    ajenos, o por equivocación,
    Liberase a la bestia que yace
    en su confinamiento.

    Este sería la única persona destinada
    a encerrarla nuevamente.

    Por eso has sido elegido Andrew.
    Por eso has sido tú.
    aunque no fuese tu decisión.

¿Pero quién controla a que
  sucedan las cosas? - Eso nosotros
los mortales nunca lo sabremos.

Yo - te he dejado un último obsequio.
Con esa espada; puedes ahora
herir a la bestia en vez de aprisionarla.

Espero… que la uses bien.

Con estas palabras; Arconte pasa a mejor vida. Aquel que alguna vez fue un gran héroe y guerrero - solo se erguía sobre un lecho de muerte socavado con su último aliento y voluntad. Su cuerpo se desintegra arrastrado por el viento; como si fuese migajas o un polvo muy fino - que le llevan y lo esparcen quien sabe hacia dónde.

- LA CAÍDA DEL MAL -
(TERCERA PARTE)

Al poco tiempo de fallecer Arconte en el bosque Oppa y que este expusiera la verdad a los libres vientos.

Ya preparado para enfrentarse al mal. Andrew emprende así; un largo viaje por todo el todo el reino dándose a conocer como una especie de guerrero furtivo que ayuda a los más necesitados. Él Enfrenta con determinación y valentía a los grupos subversivos o clanes; que ejercen sus propias leyes para aprovecharse de los más débiles. Recorría cada pueblo y ciudad estableciendo el orden y la justicia devolviéndole al reino un poco de fe y esperanza. Echaba andar entre montañas y montañas, bosques tras bosques - derrumbando los mal altos muros que se erguían en pie desde la tierra; y cosechaban el pánico.

Por todo el reino su nombre era pronunciado, se especulaba de dónde provenía. Algunos afirmaban que quizás este no era humano; y otros le veían como su salvador.

Debido a esto - los clanes o grupos subversivos aminoraron sus golpes, robos y asesinatos, temiendo a que aquel mercenario apareciese de la nada y los asesinase. Muchos de estos comenzaron a desaparecer dejando así las armas, Mientras otros se formaban y se mantenían a la expectación.

En aquel entonces todo era un poco distinto, el caos y el pánico azotaban al reino desatando un mar de sangre que tiñó el suelo a un color rojizo, las guerras y la muerte pasaron a ser por años la fría condena que desbordaba en miseria al reino entero. La hambruna cobrará su paga para quienes yacían mendigos o heridos como resultado colateral de ese velo tenebroso. Y sobre sus cielos ya oscuros - se levantaba el mal como el dios todo poderoso;

que dictaba y ejercía sus órdenes, a su placer.

Todo era distinto en el aquel entonces,
Sin embargo, ahora es diferente.

A los primeros rayos del sol de una cálida mañana de agosto, sobre las ruinas de un viejo castillo abandonado - aquel que dejo de ser un niño; se enfrenta al mal.
Sus pasos mientras andaba eran como el viento que cubría las altas montañas cuando inicia el invierno, su mirada reflejaba como un río cristalino a un alma pura llena de inocencia y vivacidad, sus manos representaban la furia y la calma como si fuese un justiciero en nombre de la tierra. Su presencia denotaba una profunda paz y tranquilidad... como si este; hiciera parte ya de la naturaleza.

Cuando aquel joven por fin llega al lugar marcado por su destino - nota en el ambiente un aire espeso y una presencia maligna provenir abajo de la tierra. Él mientras se adentraba en las entrañas de aquel lugar desconocido, decide recorrer el lugar examinándolo detenidamente. Lo analiza, y después de un par de minutos de estar inspeccionándolo logra hallar una entrada, algo pasa por su mente; y empezaba a sospechar como si lo estuviesen esperando.

Aquel lugar - son las ruinas de un viejo castillo mucho más antiguo y ya existente - antes de que se formara el reino Lamdba. De donde se dice; que fue allí - que por primera vez se pactó con el mal.

Andrew entra atravesando por unas imponentes puertas de madera; que no le costaron mucho abrir empujándolas con sus ambos manos. Ve un corredor vacío y muy largo; algo un poco oscuro pero iluminado por la luz que entra y atraviesa las vidrieras que hacen parte de las ventanas.

Las paredes se encontraban cuarteadas en varias porciones que muchas de ellas hacían en el suelo como fragmentos y escombros. Algunos cuadros rasgados y tendidos aún sobre las paredes denotaban y relucían varios paisajes quizás pertenecientes a un artista frustrado.

Sobre aquel recorrido que pareciese pertenecer a una alta realeza. Andrew, echa andar. Sus pisadas por momentos producían un minucioso eco que parecían adelantarse y perderse en la lejanía. Su mirada ya despojada de toda duda se mantenía firme a cualquier cosa que lo esperarse. Su convicción le permitían estar alerta para no verse en problemas, reaccionar a tiempo y no estar en desventaja.

Aquellas imponentes puertas por donde había entrado - de la nada comienzan a producir un chillido mientras estas se cerraban. Andrew al ipso facto da media vuelta sobre su propio eje de manera vertiginosa; y desenvaina su espada.

Queda del lado opuesto de su recorrido y empuñando su arma espera al insonoro. Ya cuando pone su mirada fija en las puertas; sombras por montones yacían en el suelo, paredes y el techo. Las imponentes puertas que aún se cerraban; se alejaban de él como tratándose de un sueño o una pesadilla. Aquellas cosas que se movían hacia él - salen y lo atacan a gran velocidad. Andrew como puede se defiende y esquiva un par de ellas pero ve que son demasiados. Entonces Echa a correr en sentido contrario por el basto recorrido buscando un mejor lugar para no estar en desventaja, mientras corría rápidamente las sombras se vienen de tras de él como si se tratara de una peligrosa persecución inacabable.

Al final el recorrido da a parar a una sala muy amplia; donde por la rapidez y aguda vista de Andrew - se observa una chimenea en el centro de la sala, ve un par de escaleras ubicadas horizontalmente a ambos lados dejando un espacio en medio perfecto para combatir. Cuando Andrew llega a la sala - salta y rueda sobre el piso; y se reincorpora de tal forma que queda de frente en dirección por donde vienen las sombras.

Con su espada empuñada y preparado para luchar. Aquel recorrido por donde le venían persiguiendo - estaba vacío. Parecía como si todo este tiempo estuviese corriendo él solo.

Que ha sido todo eso pensaba Andrew. Que ser le fuere confundido de tal manera sin percatarse de ello. Las dudas le embargaban en ese momento, pero recaía a que - aquel mal jugaría sucio si fuese necesario. Pero, qué ser maligno no lo hace. Aun en guardia o en posición para atacar, Andrew observa cuidadosamente el alrededor, su mirada recorre cada rincón de la sala percatándose del más mínimo detalle, se asegura... que esta vez nada se le escape.

Pasados unos segundos, decide bajar la guardia. Él, un poco inquieto aun por lo ocurrido, observa nuevamente el lugar. Bajo sus pies se encontraba tendida una vieja alfombra de gran tamaño, algo rasgada y descolorida por el tiempo. A pocos metros se veían varios muebles destrozados por todo el lugar inclusive algo irreconocibles. Del techo aun colgaba una imponente y reluciente lámpara; llena de polvo y mugre acumulado. Nada de lo que se hubiese hallado allí, se escapaba de la mirada de Andrew. Es como si estuviese reconociendo su entorno.

Sin darse cuenta mientras observaba aquel lugar inerte - Comienza escuchar risas en su mente; y no les da mucha importancia al parecerles muy familiar. Le venían viejos recuerdos uno tras uno como si de alguna manera fuese una película en reproducción, mostrándole lazos de tiempo. Veía que todo venía y se iba constantemente, cada vez más rápido, cada vez más rápido; como si le bombardearan... hasta que cae de rodillas sujetándose la cabeza con sus ambas manos - desesperado así por un puñado de recuerdos.

Cuando este yace sobre el suelo de rodillas una risa escalofriante sucumbe por todo el lugar. Pareciese como si proviniera de todas partes; haciendo ver que ésta lo rodease. Mientras Andrew se reincorporaba, una voz dice.

Voz: Los humanos son tan patéticos.
      Mirate, tu a quien muchos reconocen allá
      afuera como su salvador.

      Es atormentado por un puñado de
      recuerdos, simplemente.

      Debería acabarte ahora, pero...
      porque antes no disfrutar,
      y sentir el placer; de hacerlo ,
      poco, a poco. Jajajaja(*risa*)

      Empuñando su espada Andrew le dice;

Andrew: Morir solo hace parte de las cosas,
        y si fuese este el lugar de mi descenso...
      No lo puedo cambiar.

Pero mientras me siga manteniendo en pie, incluso lo que parece determinado tiende a cambiar. Interrumpiendo a Andrew antes de que pueda finalizar su frase, aquella cosa dice.

Voz: Ahhh... sí que eres osado en
      pronunciar tales aberraciones,
        hasta parece heroico de tu parte.
      Sin embargo, debes saber... ANDREW,
      que el juego apenas empieza.

      Jajajaja(*ris*sa)

- LA CAÍDA DEL MAL -
(CUARTA PARTE)

Mientras aquella criatura aun sonreía de placer - un hoyo oscuro y de gran tamaño aparece en el suelo donde se hallaba Andrew. Este se lo traga en el instante; cosa que no puede reaccionar de ninguna forma y cae cual pozo sin fondo en él.

Su cuerpo inmediatamente al hacer contacto empieza a desintegrarse lentamente a medida que seguía cayendo, su mirada se hacía borrosa poco a poco hasta perderse en lo más oscuro del agujero. Su presencia se hace tan inexistente de tal forma; que pareciese - que este ya no se hallaba... en el tiempo y espacio.

Inconsciente...
En algún lugar.

Andrew se hallaba suspendido en un vacío, en una nada. Como si estuviese fuera toda lógica, de toda razón. Su cuerpo, al estar allí inerte; pareciese recorrer aquel vacío como un barco a la deriva hacia ninguna dirección. Es como si fuese un sueño, quizás un trance. Por momentos en su mente - se aparecían objetos, lugares, rostros. Y entre abriendo sus ojos, despierta.

Al estar consciente - Andrew se inquieta en saber qué fue lo que ocurrió, y cuando logra ponerse de pie se ve sorprendido al saber dónde se encontraba. Él se hallaba en lugar donde no existía nada, era inhapoblado, no habían rocas, no habían árboles, no existía el viento, es como si estuviese en una habitación vacía. Todo era confuso, su mente en ese momento... era un absoluto caos.

Sin embargo, sobre el horizonte podía alcanzarse a ver una silueta extraña como agachada o encogida.

Al verse Andrew sin saber que hacer; sin más remedio decide caminar hacia aquella cosa que se veía a lo lejos. Era tan extraño aquel lugar; que cuando caminaba parecía que no lograra avanzar, a veces presentía como si sus pasos fuesen en retroceso. O que estos en verdad no ejercían ninguna movilidad, todo esto le parecía tan confuso.

Mientras caminaba y su mirada permanecía fija sobre aquel objeto extraño, sabia casi con certeza que aquella bestia aún seguía jugando contra su voluntad, pensaba que tenía que actuar lo antes posible para poder ponerle fin y acabarle en el acto.

Ya, a unos cuantos metros de aquella extraña cosa; Andrew se percata que esta comenzaba tomar lentamente una forma en particular. A medida que se acercaba esta empezaba a transformarse en una silueta humana como si se tratara de un alguien que estuviese agachado. Cuando por fin logra llegar hacia aquella desconocida cosa, ve a una niña de espaldas sentada en el suelo - llorando.

Inmóvil... sin reacción alguna, sin saber qué hacer, allí se hallaba Andrew. Como haciendo parte de una escena escalofriante, sacada de las pesadillas, de los cuentos. Es como si su mente echara a volar fuera de su cuerpo, de toda proporción, forma y espacio.

Y tendido a sus pies, se hallase aquella criatura... llorando sin cesar.

Sus llantos que parecían no acabar; retumbaban por cada rincón en el cuerpo de Andrew, se esparcían como ondas de sonido a bajo decibeles, pero que lograban estremecerle; a si nada más.

De un momento a otro, aquella niña deja de llorar. Con sus ambas manos seca sus lágrimas haciendo verle Andrew que esta de espalda lo hace. Cuando logra de cierta forma reponerse; baja sus ambos brazos y se levanta lentamente. De pie - esta solo queda allí inerte como si estuviese esperando alguna reacción por parte de él.

Por la mente Andrew pasaban muchas cosas, tanto es así. Que parecía ya no estar pensando. Se le veía ido, senil. Hasta que pasados unos segundos; Andrew a paso lento y con su brazo izquierdo extendido hacia el frente - echa a caminar. Se tambalea por el camino mientras se dirige hacia la niña como si estuviese sonámbulo. Su corazón se aceleraba; aumentando sus pulsaciones cada vez que se hallaba más cerca. Ya para cuando llega a donde está ella, su mano izquierda le tocase el hombro derecho a esta, y como una incógnita compleja del destino - ella gira hacia su derecha... y le ve de frente.

Fue allí, que todo se le acabo Andrew.
aquella niña - era su hermana.

Sin poder creerlo; Andrew se tiende de rodillas sobre el suelo - y deja caer sus lágrimas, desconsoladamente. Está observándolo; sonríe despiadadamente - y acto seguido dice con una tenebrosa voz:

Niña: ¿Qué pasa Andrew?
           No me reconoces.
           Jajajaja(*risa*)

                A estas alturas te estarás preguntando.
                Como es que paso todo esto.
                Como es que este cuerpo me pertenece.

Aquella bestia se había apoderado del cuerpo Rose.
¿Pero cómo?

Fue así que este le relata Andrew su cometido; le dice que por siglos aquel confinamiento lo ha privado de ejercer sus poderes y deseos a placer alimentado su venganza. Que al estar aprisionado condenaron su sed de sangre a saciarse del frío vacío que se hallaba en ese objeto. Que encerrado en ese despojado velo de la nada; su ira fue incrementándose poco a poco durante miles de años - que para cuando fuese liberado, no tendría piedad alguna.

Y un día - entre el silencio taciturno de aquel majestuoso bosque. Aparecieron dos niños inocentes que paseaban y jugaban por el alrededor; sin saber lo que se cernía bajo sus pies. Fue allí que vi la oportunidad de escapar de esta fría prisión. Aproveche el momento e intervine para que uno de ellos fuera al lugar donde se hallaba El Espejo de Crystal. Dada la ocasión - fue entonces que estos se reúnen de manera casual sobre el lugar de mi confinamiento. Pensé sorprendido que no podría ser perfecto que esto estuviese ocurriendo, vislumbraba con ansias que este día llegara. Y en tan solo un breve movimiento; hago que aquel lugar se venga abajo haciéndolos caer en él para así estar libre después de un largo tiempo.

Poco después de eso Andrew, me apodere de este cuerpo Mientras aquella niña corría desesperada en busca de ayuda. Debo decirte - para que te sientas un poco mejor. Que al menos opuso resistencia.

Andrew - sufriendo, lleno de ira, confundido, herido. Se preguntaba cómo fue posible que esto ocurriera; mientras golpeaba el suelo aun con lágrimas en sus ojos.

No entendía el por qué.
O el cómo... El cuándo.
Si aquella bestia también intento
apoderarse de él.

A este punto - muchos estarán pensando que hay una paradoja en la historia. Pero su respuesta es tan clara y simple que algunas veces la razón más sencilla nos puede parecer imposible.

Retrocedamos un poco.

Mientras Andrew cayó en la cueva y su hermana fue en busca de ayuda cuando él ya la recorría. Fue entonces que el mal usando sus débiles fuerzas aprovecha la ocasión. Consigue engañar y obligar a su hermana a que le ceda su cuerpo amenazando con asesinar a su madre, quien preocupada porque no aparecían decidió irlos a buscar. Esta desesperada al no saber qué hacer - cede su cuerpo con tal que no le hiciera algún daño a su madre. Cuando este se apodera del cuerpo de Rose, Andrew ya se encontraba observando El Espejo de Crystal emitiendo aquella luz oscura.

Y cuando por fin tiene fuerzas suficientes para liberarse, este despoja su máximo su poder arrasando con todo a su paso. Así que cuando esto ocurre; el mal es liberado del Espejo de Crystal, y emite aquella luz oscura que atraviesa la cueva hasta llegar a la superficie.

Pero la paradoja está - que este también intenta apoderarse del cuerpo de Andrew al estar totalmente liberado, a la par que se apodera del cuerpo de rose.

A veces el entendimiento nos juega una mala pasada. Y creemos saber que lo comprendemos todo. Aquel mal que intento apoderarse del cuerpo de Andrew vio la oportunidad perfecta y lo intento, más allá de su sed de sangre, lujuria, placer, etc. Porque este no distingue entre el tiempo y espacio. El bien y el mal esta todas partes. Y no porque en dicho lugar mato a cientos de personas, no quiere decir que en otra parte no lo valla a hacer, así sea al mismo tiempo. Esa es la naturaleza de las cosas. Esa la ley oculta del mundo que nos rodea.

Pero quien controla a que sucedan estas cosas, a que pasen porque tienen que pasar. Que ley indescifrable las provoca, quien o que las determino. Eso nosotros los mortales; estamos condenados a no saberlo.

Cuando la bestia le termina de relatar su cometido. Por los pensamientos de Andrew viajaban de aquí para allá; cientos de lógicas posibilidades en hallar una manera de entender - el por qué. Su mirada reflejaba el odio sobre aquella criatura que hacía en el cuerpo profanado de un alma inocente. Quería acabar con sus propias manos aquel degenerado ser; pero le ganaba el sentimiento de hacerle algún daño a el cuerpo de su hermana.

Este mirándole le dice;

Niña: ¿Que tratas de hacer?
       Le harías daño a el cuerpo de tu hermana,
       O quieres descargar ese odio;
        sabiendo que quizás no
        quede nada de él.

       Aquí acabo todo Andrew.

Terminadas estas palabras aquella bestia en el cuerpo de Rose; transforma sus brazos en enormes miembros deformes que le atacan golpeándole repetidamente. Lo sujetan por el cuello y lo lanzan por el aire a una breve distancia, que al caer nuevamente este lo ataca y embiste. Y como tratándose de un ciclo repetitivo; una y otra vez aquella bestia lo ataca, y lo ataca, y lo ataca.
Parecía que Andrew renunciara a seguir, sentía en el fondo de su alma que le habían arrebatado todo. Que son unos cuantos golpes - si yace muerto en vida.

Este ser que parecía estar divirtiéndose despiadadamente con Andrew, parece ponerle fin a su sufrimiento y comienza a estrangularlo. Lo levanta del suelo sujetándolo desde el cuello, y allí sin más; poco a poco solo es cuestión de tiempo para que todo terminase. Su mirada fija y perdida en lo alto, se torna borrosa lentamente hasta oscurecerse. Su débil respiración comienza agotarse a medida que no puede respirar, sus fuerzas en cierta forma empiezan a desaparecer que solo le queda partir inútilmente quien sabe hacia dónde. En un último esfuerzo... Andrew levanta como puede su brazo derecho para tratar de liberarse, este lo mantiene hasta cierta altura; pero débil y sin fuerzas lo vuelve a bajar.

Para cuando esto sucede la bestia desde su punto de vista; alcanza a ver que Andrew levanta su brazo derecho. Sorprendido algo le atormenta inmediatamente - vienen de sus recuerdos imágenes de la batalla que se desarrolló contra Arconte. Fue así que lograron aprisionarlo, de la misma forma, del mismo modo; es como si se estuvieran repitiendo los mismos hechos pasados.

Aquella criatura quizás apoderada por el miedo suelta a Andrew inmediatamente retrocediendo varios metros donde se hallaba. Andrew cae al suelo de manera instantánea cuando este lo suelta y sujeta su cuello esforzándose por respirar, aun tendido sobre el suelo... Andrew le ve detenidamente, cuando pasan unos cuantos segundos le dirige unas palabras con un poco de dificultad para hablar;

Andrew: ¿A que le temes?
a desaparecer,
a dejar de existir.

Nosotros los humanos
debemos pagar ese precio,
aunque suene tentador ser algo infinito.

Quizás en eso nos diferenciamos.
Que por compleja se halle la vida,
Que por indescifrable; que sea el universo.
Nosotros aceptamos morir.

A medida que Andrew dirigía sus palabras hacia aquella criatura, por su mente recorrían centenares de ideas para aprovechar la ocasión y atacarle. Fue entonces que recordó las palabras de Arconte como si del más allá este le estuviese hablando. Inmediatamente; gira su cabeza hacia su espada mientras está de rodillas, viendo su reflejo en ella, asiente con la cabeza.

Y como si hubiera renacido el ave fénix con más fuerza y poder, Andrew se levanta del suelo de forma imponente, alza su cabeza y fija su mirada hacia un sólo objetivo, toma del suelo su espada y la empuña con gran determinación, la lleva hacia el frente y señalando con esta a la criatura, solo dice.

Te veré en el infierno.
Andrew que pareciese haber recobrado sus fuerzas levanta su espada llevándola a lo alto con sus ambos brazos, y de un solo movimiento se embiste para atacar. Aquella criatura al ver que Andrew le atacase; esquiva el impacto saltando hacia atrás levemente a muy poca distancia, cuando este cae sobre el suelo; cree haber esquivado el ataque realizado por su adversario. Sin embargo, no se percató que el ataque usado por Andrew fue la técnica heredada de Arconte; el aire cortante. Que esta deja una estela de viento comprimido después de haberse ejecutado el movimiento.

Para cuando ya quiso reaccionar su cuerpo comenzaba a ser absorbido por la espada; que está en vez de ser usada para acabarle. Solo reacciona como un objeto o recipiente - para capturarlo. La criatura sin más que poder hacer; solo observaba ser vencido por aquel chico inocente que apareció entonces en medio del bosque, se resignaba aceptar verse derrotado tan solo por un niño... un insignificante niño, pensaba que era una humillación.

Y usando las últimas fuerzas que le quedaban; este desesperado se separa del cuerpo de Rose que cae sobre el suelo; y logra liberarse de su eminente derrota. Al instante que esto ocurre aquella bestia sale disparada en sentido contrario mientras el cuerpo de Rose que se hallaba en el suelo desaparece.

Sonriendo aquella criatura - se reincorpora inmediatamente después de lo ocurrido; se le dirige a Andrew mencionándole que debe hacer algo mucho mejor para poder vencerle y que sus esfuerzos son inútiles ante el inmenso poder que este posee. Mientras alardeaba de manera alegórica; este ve que Andrew lleva una sonrisa pícara en su rostro. Le ve muy seguro y tranquilo. Hasta que cae en cuenta; que es él ahora quien ha sido usado como un miserable títere.

Desde un inicio Andrew sabía con firmeza que si hiriese el cuerpo de su hermana no quedaría nada de el. Así que astutamente, aunque un poco peligroso; forzó a que este se separa del cuerpo de ella cuando la espada comenzó absorberlo. Andrew Sabia que este no se dejaría derrotar tan fácil y que el cuerpo de su hermana al estar separado; se desvanecería y viajaría por el espacio-tiempo rebotando de un lugar a otro hasta regresar a donde pertenece. Sin importar que quizás apareciera allí mismo después de unos minutos, o quizás en otro lugar, o quizás por años, o quizás por siglos - lo realmente importante es que ella ahora, estaba bien.

Este al verse ridiculizado y usado como un simple muñeco echa arder en ira como si fuese el cólera desatado. Grita desencadenadamente... aumentando su enojo cual fuese como una onda expansiva al ser liberada. Pierde los estribos y se levanta a gran altura a atacar Andrew, para cuando este aún permanecía suspendido en el aire - Andrew ya lo estaba esperando, y con un contundente golpe con su mano izquierda empuñada... le envía al acto contra el suelo - que este cae de gran altura y el extraño o vacío lugar donde se hallaban se desaparece como un espejismo mientras impacta en la tierra por el golpe.
Por la fuerza del impacto se genera un cráter de gran tamaño que sacude todo el lugar haciéndolo temblar por unos cuantos segundos. La batalla toma lugar en el viejo castillo en ruinas, pero desde otra ubicación ahora un poco despejada.

Aquella bestia - en medio de escombros y el polvo; aún se mantenía en pie. Este Mientras caminaba y se tambaleaba herido por el alrededor fijaba su mirada en busca de hallar a Andrew.

Cuando el polvo y la tierra del lugar se disipase por el viento una silueta empieza a parecer en frente de este. Allí estaban los dos, cara a cara.

Sin pensarlo dos veces Andrew se dirige hacia el determinado en acabarle - su espada para ese momento emitía un brillo reluciente como si fueran llamas centrifugas, sus movimientos susurraban mientras aceleraba el paso cada vez más. Su velocidad era tan sorprendente; que llegado el momento para atacar... este no pudo reaccionar de manera alguna y es impactado.

Inmediatamente al colisionar se produce una gran explosión; que desbasta y destruye todo el lugar a su paso, su espada se parte por la mitad al verse desproporcionada y expuesta a grandes fuerzas, se genera entonces un enorme cráter que pareciese que se tragara; todo lo que cayese ahí. Y Andrew es lanzado por el aire inconsciente a una larga distancia por la onda explosiva.

- DESENLACE -

Mientras aun caían trozos de tierra por todo el lugar. Parecía ser que la batalla final llegaba a su fin. Por todo el reino se sintió el impacto que muchos llenos de expectación y otros no tanto; miraban desde su ubicación la nube de polvo que se levantaba en el cielo. Muchos aldeanos y personas de las grandes ciudades no sabían exactamente lo que había pasado y comenzaban especular sobre aquello que les parecía desconocido, algunos inclusive ya se dirigían hacia allí.

Andrew que aún se encontraba tirado sobre el suelo de aquel lugar, recupera el conocimiento después de unos minutos, un poco confuso este lo recorre detalladamente para a cerciorarse de que todo ha acabado. Un suspiro breve entonces le embargaba en el pecho al ver que él es el único que se hallaba allí. Por su recorrido, mientras aun caminaba... Andrew encuentra una parte de su espada tendida entre los escombros y la recoge. Ve que a esta le hace falta la punta desde la mitad y comienza a buscarla. Al no tener éxito en hallar la parte restante piensa que está a ido a parar a rumbo desconocido por la onda explosiva.

No obstante, algo le inquietaba respecto a los momentos previos de la explosión. ¿ Por qué se produjo ? - entre más pensaba en ello, más aseguraba que algo tiene que ver la bestia en todo esto. Hasta que cree entender que fue lo que paso.
En el instante momento que él impactaría a la bestia, esta de alguna forma recibiendo el golpe reaccionaría y desencadenaría la explosión que acabó con todo, pero queda una pregunta.

¿Por qué esta dejaría que la impacten?
¿Que la hieran...?

En medio de estos interrogantes; Andrew comienza a indagar,

¿Que es lo que no alcanza a ver? - ¿Que es - lo que se esconde y se oculta? - Por un momento se le veía ido, reflexivo. Y reaccionado de manera inoportuna - descubre la verdad.

Aquella bestia que por unos instantes iba a ser derrotada, desencadeno aquella explosión por una razón; esta se aprisionó a sí misma en la espada al ver que su final estaba cerca, logro confinarse en ella en fracciones de segundos provocando que esta se divida y que la parte restante que se ha desaparecido; sea su lugar de confinamiento. Andrew al comprenderlo todo deja ver su descontento al saber que aquella bestia aún seguía con vida, le costaba creerlo.

Permaneció así por unos momentos inmóvil. Y como reconociendo la situación asienta con la cabeza - Andrew parecía estar aceptando ahora su destino, él sabía que en sus manos estaba el deber de encontrar aquella bestia como fuera posible y vencerle. Pensaba que para cuando eso ocurriera - hubiese transcurrido ya mucho tiempo. Y para ese entonces; él estaría esperando.

La última vez que alguien hubiese visto a Andrew,
Fue ese día - Que bajaba de aquel viejo castillo...
Caminando como un héroe.

Tiempo después el reino de Espenthlär recupera poco a poco su esplendor, su gloria. Sus suelos que antes estaban divididos y manchados por las constantes guerras; vuelven hacer tierras fértiles libres de ataduras y opresión. Sus montañas, bosques y ríos que antes se hallaban separadas ahora vuelven hacer libres sin pertenecerles a alguien o estar limitadas por una línea divisiva.

La paz que tanto se anhelaba volvía para quedarse por largo un tiempo. Tanto es así que se formó a raíz de esta por orden de la soberana reina y descendiente de la familia Real; un centro donde se formaban a los jóvenes con edad suficiente para ser guerreros que ejercen el orden por todo el reino. Se restauraron las hermandades de cada aldea o ciudad pactando y levantando de las cenizas sus espíritus; volviendo a creer y tener fe el uno al otro. Imponentes estatuas en cada pueblo y ciudad se levantaban haciéndoles honor a cada uno de los héroes incluyendo Andrew; como atribución a su lealtad y esfuerzo - por dar sus vidas a cambio.

Aunque suene paradójico - muchos en el reino desconocían el nombre de aquel joven salvador. Le llamaban de varias formas. Sin embargo, fue hasta entonces que le otorgaron un seudónimo como representación.

Pasados muchos años - en vísperas de las festividades del reino, mientras su gente celebraba en forma pacífica y parecía que todo ya se hubiese olvidado. En medio de la muchedumbre, algarabía y festejos, aparece Andrew caminando entre las personas. Algunos aun le reconocían, otros ni se inmutaban al verlo. Era como si fuese un fantasma del pasado.

Para ese entonces Andrew ya era mayor, un adulto. Y parecía dirigirse a las afueras donde yacen los olvidados bosques, una niña que se hallaba por donde caminaba - le ve y le sigue hasta a un puente hecho de madera no muy lejano. La niña logra alcanzarlo y con una voz tierna le dice:

Niña del puente: ¿Tu eres el héroe verdad?
                    mis abuelos me hablan
                    mucho de ti.

Andrew al escuchar la voz que le habla da media vuelta y ve que es una niña. Al verla le recordó a su hermana que para aquel tiempo tenía casi su misma edad. Este le sonríe... y le dice:

Andrew: Si... soy ese a quien
              todos llaman héroe.

La niña al escuchar esas palabras estalla de emoción y salta alegre haciendo ver que no lo puede creer. Ella aun eufórica comienza a decir que debe contárselos a sus amigos, a sus padres, a sus abuelos... y sale disparada olvidándose que Andrew sigue allí - cuando va a una cierta distancia esta le recuerda y de donde se hallaba le grita; espero que algún día nos volvamos ver, acto seguido - ella sigue corriendo deseosa de contar lo que sucedido.

Andrew que aún permanecía en el puente de madera da media vuelta y echa andar al bosque diciendo:

Andrew: Claro, nos volveremos a ver.
　　　　　Dentro de quinientos sesenta y siete años.
　　　　　Está escrito.

Y así - adentrándose en el espeso silencio de la noche. Andrew vuelve a los bosques como si ahora formara parte de ellos. Su cuerpo y alma yacen en los ríos y montañas como una unicidad; que permanece en armonía. Andrew pasa a ser como aquello que no se puede ver ni tocar. Pero que está ahí para acudir en ayuda. Es como aquello que se presenta cuando el peligro y el mal merodean por el alrededor. Es como un protector que se resguarda por el aire y el viento levantándose sobre la tierra. Es simplemente aquel eterno héroe reconocido: como El Guardián de los bosques.

Fin.

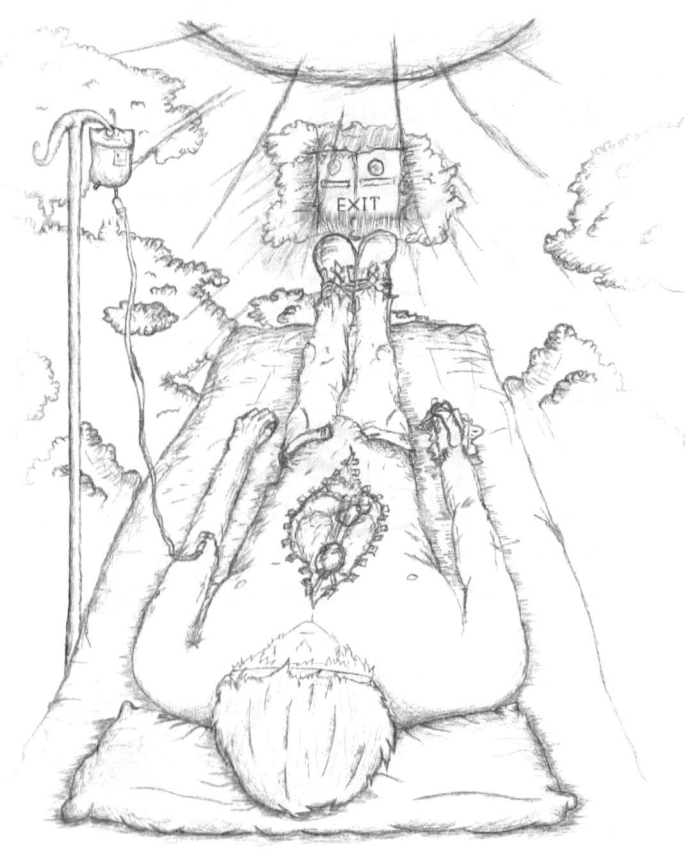

Mi única salida.

www.ingramcontent.com/pod-product-compliance
Lightning Source LLC
Chambersburg PA
CBHW030653220526
45463CB00005B/1764